弁護士・実務家に聞く

里親として知っておきたいこと

里親養育 Q&A

特定非営利活動法人
SOS子どもの村JAPAN 編

海鳥社

はしがき

　2016年、1947年の法制定以来初めて児童福祉法の基本的な理念に改正が加えられました。「国連子どもの権利条約」に倣って、子どもが権利の主体として位置付けられ、子どもの最善の利益が優先して考慮されるとともに、家庭養育優先の原則が明記されました。さらに、2017年には新理念を具現化するための「新しい社会的養育ビジョン」が発表され、主要事項については工程表や数値目標が示されました。都道府県・政令指定都市では、施策の具体化に向けた「都道府県社会的養育推進計画」の策定が開始されています。

　この大きな転換期に際して、2012年3月に第1刷を刊行した小冊子『弁護士に聞く　里親として知っておきたいこと』の改訂版を企画・出版することにいたしました。今回は、従来からの弁護士による解説に加え、「子どもの村福岡」における里親養育と里親支援の実践から得られた学びを盛り込むとともに、日頃から熱心に活動を支援していただいている専門家、経験豊かな里親の方々からも寄稿いただき、表題も「弁護士に聞く」から「弁護士・実務家に聞く」へと改めました。

　先進国に比べ立ち遅れていたこの国の「子ども福祉」の状況下で、日本で初めて里親による養育を主体にした「子どもの村福岡」を福岡市西区今津に設立したのは2010年のことでした。「すべての子どもに愛ある家庭を」を標語として世界130余国で展開されている「SOS子どもの村」を日本でも、との思いで誕生した「子どもの村福岡」ですが、以来、育親（里親）を、村長をはじめ各領域の専門家がチームを組んで地域の方々とともに支えながら、社会的養護の子どもたちを育ててきました。これまでの家庭養育と育親支援の経験は大きな挑戦であると同時に、多くの発見と学びに満ちたものでした。

　2016年6月、私たちは「SOS子どもの村インターナショナル」に正式加盟し、現在その一員として活動しております。現加盟135か国の国情はそれぞれ異なりますが、今なお世界中に貧困、飢餓、虐待、性的搾取、武力紛争などで苦しんでいる子どもたちがいる状況に変わりはありません。一見平和に思われるこの国で

も、貧困、育児放棄、虐待などで子どもの権利や最善の利益が損なわれています。

　国際水準への到達を目標に歩き始めたわが国で、私たちは、今後も社会的養護に関わるさまざまな課題の解決を目指すNPO法人として、里親養育はもとより、地域で困難を抱える子どもと家族への支援事業、子ども支援プログラムの研究開発と人材養成並びにアドボカシー活動などのさらなる充実を図り、社会に貢献して参る所存です。

　末筆ながら本書を手にされた方々には、本書が社会的養護の理解を促す一助となるとともに、問題解決の参考になりましたら幸甚です。

　なお、「子どもの村福岡」は2020年4月に開村10周年を迎えますが、今日までの経緯や活動状況につきましてはホームページ（https://www.sosjapan.org）を参照いただき、今後とも変わらぬご支援を賜りますよう宜しくお願い申し上げます。

　　2019年9月
　　　　　特定非営利活動法人 SOS子どもの村JAPAN理事長　　福重淳一郎

目　次

はしがき　3

第1章　総論 ──────────── 12

1｜児童福祉法の基本理念　12
2｜児童の権利に関する条約（子どもの権利条約）　13
3｜子どもの権利とは　15
4｜子どもの意見表明権　17
5｜子どもの最善の利益　19
6｜施設養護と家庭養護　21
7｜愛着（アタッチメント）障害　23
8｜社会的養護の現状と課題　25
［コラム］改正児童福祉法と「新しい社会的養育ビジョン」　27
［コラム］これからの施設養護　29

第2章　里親と里子 ──────────── 31

1｜基本的心構え　31
2｜大切にすべきこと　33
3｜特定の子どもと気が合わない　34
4｜里親と実親　35
5｜「密室化」を避ける　37
［コラム］里親不調・フォスタリングチェンジ・プログラム　38

第3章　親権と里親の権限 ──────────── 40

1｜親権①　親権とは　40

2 | 親権②　親権の制限・停止　41

3 | 保護者と親権者の違い　43

4 | 未成年後見　44

5 | 親権者の変更　45

6 | 家庭裁判所の承認による里親委託　46

7 | 里親の権限　47

[コラム] ベストマッチ　48

第4章　養子縁組 ──── 50

1 | 養子縁組をめぐる法改正　50

2 | 養子縁組の種類　51

3 | 里親と養子縁組①　特別養子縁組　52

4 | 里親と養子縁組②　普通養子縁組　53

5 | 養子縁組の解消　53

6 | 改名手続　54

[コラム] 小児科医は子ども好きでないといけない？　56

第5章　ショートステイ・一時保護 ──── 58

1 | ショートステイ　58

2 | 一時保護　60

[コラム] みんなで里親プロジェクト　62

第6章　個人情報の保護 ──── 64

1 | 守秘義務①　守秘義務とは　64

2 | 守秘義務②　守秘義務が問題となる具体的場面　65

3 | SNS・ブログ　66

4 | 講演・出版　67

5 | 里親の個人情報の保護　68

6｜子どもに関する情報の収集　68
　　7｜情報の管理①　里子の情報の管理方法　69
　　8｜情報の管理②　捜査機関から里子の情報提供を求められたら　70
　　[コラム] メディア社会と子ども　72

第7章　実親 ———— 74

　　1｜自分のルーツを知る権利　74
　　2｜真実告知　75
　　3｜実親との交流と子どもの意見　77
　　4｜親権者の面会・引き取り要求　78
　　5｜実親との意見の相違　79
　　[コラム] チームで乗り切る子育て（真実告知）　81

第8章　児童虐待・不適切養育 ———— 83

　　1｜里子に対する虐待　83
　　2｜虐待通告　84
　　3｜不適切養育①　虫歯治療　86
　　4｜不適切養育②　学習指導　87
　　5｜不適切養育③　心理的虐待　88
　　6｜虐待家庭への支援　89
　　[コラム] 虐待とトラウマ　91

第9章　病気・けが・事故・保険 ———— 93

　　1｜医療について①　病院への受診・投薬・入院　93
　　2｜医療について②　手術・歯科治療　94
　　3｜医療について③　予防接種　95
　　4｜医療について④　精神科病院への受診・入院　96
　　5｜知的障害への対応　97

6｜事故の責任　98
7｜長期入院の場合の介護　99
8｜保険への加入　99
9｜アレルギーへの対応　100
10｜療育手帳　101
11｜交通事故の責任　102
12｜子どもが犯罪被害に遭った場合　103
13｜性的被害が疑われる場合　104

[コラム] 発達障害（神経発達症）　106

第10章　学校生活・教育　108

1｜学校教育について①　特別支援学校への入学　108
2｜学校教育について②　就学猶予　109
3｜いじめ被害・加害　110
4｜子どもの不登校　111
5｜大学進学　112
6｜性教育　113

[コラム] 子どもが学校を見捨てる前に　116

第11章　消費活動・契約など　118

1｜契約締結について①　通帳作成　118
2｜契約締結について②　アルバイト　118
3｜契約締結について③　パスポート　119
4｜契約締結について④　スマートフォンの契約・解除　120
5｜消費者トラブル　121
6｜保証人になる場合の注意点　122

[コラム] 里子とともに育って　123

第12章　自立支援 ───── 125

1｜就労支援　125
2｜自立・進学支援　126
3｜アフターケア事業所　128
4｜保証人　129
5｜措置延長など　132
［コラム］子どもの声を聴く〜社会的養護経験者の視点から〜　134

第13章　非行 ───── 136

1｜子どもの非行にまつわる司法の仕組み①
　　　　　　　　　非行少年の類型と少年審判手続　136
2｜子どもの非行にまつわる司法の仕組み②
　　　　　　　　　少年鑑別所・少年院・少年刑務所の違い　137
3｜非行行動　138
4｜子どもが逮捕された場合　139
5｜子どもから里親に対する加害　140
［コラム］地域とともに　142

第14章　財産問題 ───── 144

1｜実親からの遺産相続　144
2｜財産の管理　145
3｜里子の扶養義務　146
［コラム］子どもの声って難しい？　148

第15章　児童相談所との関係 ―――― 150

1｜子どもの特性について再度判断を求める　150
2｜措置変更・解除に対する不服申し立て　151
3｜措置終了後の関与　152
［コラム］チームとしての里親養育　154

第16章　里親支援 ―――― 157

1｜レスパイト・ケア　157
2｜支援・相談機関　158
［コラム］イギリスの里親研修プログラム　161

［資料］弁護士に相談したいときは……　163
編集後記　165
執筆者一覧　166

弁護士・実務家に聞く
里親として知っておきたいこと
里親養育 Q&A

第1章
総論

第1章 1 児童福祉法の基本理念

Q 2016年の児童福祉法改正において基本的な理念はどのように変わったのでしょうか。

A 子どもが保護の対象から権利の主体に変更されるとともに、子どもの家庭養育優先原則が明記されました。

　児童福祉法は、1947年12月12日に制定されましたが、当時は、第2次世界大戦後の混乱期にあって、街には戦災孤児や引き揚げ孤児などがあふれ、その保護が急務とされた時代でした。改正前の児童福祉法（以下「旧法」といいます）は、その理念を、
　　第1条　すべて国民は、児童が心身ともに健やかに生まれ、且つ、育成されるよう努めなければならない。
　　2　すべて児童は、ひとしくその生活を保障され、愛護されなければならない。
　　第2条　国及び地方公共団体は、児童の保護者とともに、児童を健やかに育成する責任を負う。
と定めていましたが、この理念に関する規定は、2016年の改正まで変更されることはありませんでした。この間に、家族のあり方を含む家族制度は大きく変わりましたし、児童虐待の相談件数は増加の一途をたどるなど、子どもを取り巻く環境も大きく変化したのですが、旧法の規定により「保護の対象」とされていた子どもの立場は制度上なんら変更されることはなかったのです。

2016年、旧法の理念に関する規定は次のように改正されました。
>第１条　全て児童は、児童の権利に関する条約の精神にのっとり、適切に養育されること、その生活を保障されること、愛され、保護されること、その心身の健やかな成長及び発達並びにその自立が図られることその他の福祉を等しく保障される権利を有する。
>第２条　全て国民は、児童が良好な環境において生まれ、かつ、社会のあらゆる分野において、児童の年齢及び発達の程度に応じて、その意見が尊重され、その最善の利益が優先して考慮され、心身ともに健やかに育成されるよう努めなければならない。
>２　児童の保護者は、児童を心身ともに健やかに育成することについて第一義的責任を負う。

さらに、第３条の２において、「国及び地方公共団体は、児童が家庭において心身ともに健やかに養育されるよう、児童の保護者を支援しなければならない。ただし、児童及びその保護者の心身の状況、これらの者の置かれている環境その他の状況を勘案し、児童を家庭において養育することが困難であり又は適当でない場合にあっては児童が家庭における養育環境と同様の養育環境において継続的に養育されるよう（中略）必要な措置を講じなければならない」と定め、家庭養護優先の理念を明記しました。

子どもは、児童福祉の保護の対象、いわば客体であった立場から、健全な養育を保障される権利の主体として位置づけられることになりました。197の国・地域（2016年現在）が締約する「児童の権利に関する条約（子どもの権利条約）」が、児童福祉にかかる法制度全体の基本理念とされました。

第1章 2　児童の権利に関する条約（子どもの権利条約）

Q　子どもの権利条約とはどのようなものですか。

A　児童を大人と同じ独立した人格を持つ権利の主体として位置づけるとともに、発達し成長する過程にある存在として守ろうとする条約です。

「子どもの権利条約」とは、18歳未満のすべての人の保護と基本的人権の尊重を促進することを目的として、1989年秋の国連総会において全会一致で採択されたものです。今なお世界中に貧困、飢餓、武力紛争、虐待、性的搾取などで苦しんでいる子どもたちがいる状況にかんがみ、児童の権利を国際的に保障・促進するための枠組みとして、国連人権委員会のもとに設置された作業部会における10年間の審議の成果として生まれました。日本は、1990年9月21日、109番目に署名し、1994年4月22日、158番目の批准国となりました。

　この条約が制定された背景について少し説明しましょう。1914年から4年間続いた第1次世界大戦は、近代的な兵器が使用されたことなどにより、兵士のみならず、多くの市民を巻き込んだ惨禍をもたらしました。犠牲となった市民の中には多くの子どもたちも含まれていたのです。このことへの反省として、1924年、国際連盟によって「児童の権利に関するジュネーブ宣言」が採択されました。この宣言において、「人類は子どもに対して最善のものを与えるべき義務を負う」とした上で、「人種、宗教、国籍などに関係なく保護される権利」として、「心身両面における正常な発達に必要な手段を与えられなければならない」ことをはじめ、5項目を掲げました。しかし、間もなく第2次世界大戦が勃発し、再び多くの子どもたちが犠牲となりました。戦後に新たに発足した国際連合は、世界の平和と人権を保障するための「世界人権宣言」（1948年）を採択し、さらに、1959年に「児童の権利に関する宣言」を採択しました。この中では、「名前、国籍をもつ権利」（第3条）、「社会保障の恩恵を受ける権利」（第4条）、「教育を受ける権利」（第7条）など子どもの権利が全10条に定められていますが、宣言後30年を経て「児童の権利に関する宣言」の実効性に対する危機感から、1989年に新たに54条からなる「子どもの権利条約」が採択されました。

　この条約の特徴の第一は、児童を大人と同じ独立した人格を持つ権利の主体として位置づけていることです。児童は大人の管理の対象ではありません。したがって、大人の固有の権利である選挙権などのほかは、広く子どもにも保障しようとしています。もう一つの特徴は、児童を発達し成長する過程にある存在と位置づけていることです。

　国連人権委員会で児童の権利に関する条約の草案作りに参加したユニセフでは、①生命、生存及び発達に対する権利（命を守られ成長できること）、②児童の最

善の利益（児童にとって最もよいこと）、③児童の意見の尊重（意見を表明し参加できること）及び④差別の禁止（差別のないこと）を本条約の一般原則とし、児童の権利を「生きる権利」、「育つ権利」、「守られる権利」、「参加する権利」の4つに分類しています。

日本国憲法は、第98条第2項に「日本国が締結した条約及び確立された国際法規は、これを誠実に遵守することを必要とする」旨を定めており、児童福祉法が第1条に「児童の権利に関する条約の精神にのっとり」と定めているのはこの趣旨です。

なお、いくつかの自治体で「子どもの権利に関する条例」などの名称で児童の権利を守るための取り組みを行っています。

第1章 3 子どもの権利とは

Q 子どもの権利擁護とよくいわれますが、子どもの権利とはどのようなものでしょうか。

A 子どもが人として尊重され、心身ともに健やかに成長・発達することが保障される権利です（児童福祉法第1条参照）。

人は誰でも生まれながらに人としての権利（人権）を持っています。日本国憲法は、一部の権利を除いて、子どもを含むすべての人に人権が保障されることを定めています。しかし、未熟で成長段階にある子どもの権利保障は、ややもすると「保護」や「指導」の名のもとに軽視されてしまうおそれがあります。

1994年に日本が批准した「子どもの権利条約」は、子どもの立場に立って、子どもが、子ども時代を自分らしく生き生きと暮らしながら、健やかに成長・発達していくために必要とされるさまざまな権利を明示しています。同時に、子どもが保護の対象であるだけでなく権利の主体でもあることを明確にうたい、子どもの権利主体性を守るために、子どもの「意見表明権」を保障しています。

こうした条約の趣旨をひとことでいえば、「子どもの権利とは、子どもが人として尊重され、心身ともに健やかに成長・発達することが保障される権利」とい

うことができるでしょう。

憲法並びに子どもの権利条約に列挙されている主な人権（子どもの権利）は以下のとおりです。

■幸福追求権

すべて国民は、個人として尊重される。生命、自由及び幸福追求に対する国民の権利については、公共の福祉に反しない限り、立法その他の国政の上で、最大の尊重を必要とする。
(憲法第13条)

■平等権

すべて国民は、法の下に平等であって、人種、信条、性別、社会的身分又は門地により、政治的、経済的又は社会的関係において、差別されない。
(憲法第14条第1項)

締約国は、その管轄の下にある児童に対し、児童又はその父母若しくは法定保護者の人種、皮膚の色、性、言語、宗教、政治的意見その他の意見、国民的、種族的若しくは社会的出身、財産、心身障害、出生又は他の地位にかかわらず、いかなる差別もなしにこの条約に定める権利を尊重し、及び確保する。
(子どもの権利条約第2条第1項)

■最善の利益の確保

児童に関するすべての措置をとるに当たっては、公的若しくは私的な社会福祉施設、裁判所、行政当局又は立法機関のいずれによって行われるものであっても、児童の最善の利益が主として考慮されるものとする。
(子どもの権利条約第3条第1項)

■生きる権利、生存・発達権

すべて国民は、健康で文化的な最低限度の生活を営む権利を有する。
(憲法第25条第1項)

締約国は、すべての児童が生命に対する固有の権利を有することを認める。
(子どもの権利条約第6条第1項)

■出自を知る権利

児童は、出生の後直ちに登録される。児童は、出生の時から氏名を有する権利及び国籍を取得する権利を有するものとし、また、できる限りその父母を知りかつその父母によって養育される権利を有する。
(子どもの権利条約第7条第1項)

■父母との不分離・交流権

　締約国は、児童がその父母の意思に反してその父母から分離されないことを確保する。ただし、権限のある当局が司法の審査に従うことを条件として適用のある法律及び手続に従いその分離が児童の最善の利益のために必要であると決定する場合は、この限りでない。このような決定は、父母が児童を虐待し若しくは放置する場合又は父母が別居しており児童の居住地を決定しなければならない場合のような特定の場合において必要となることがある。

(子どもの権利条約第9条第1項)

■意見表明権、表現の自由

　集会、結社及び言論、出版その他一切の表現の自由は、これを保障する。検閲は、これをしてはならない。通信の秘密は、これを侵してはならない。

(憲法第21条)

　締約国は、自己の意見を形成する能力のある児童がその児童に影響を及ぼすすべての事項について自由に自己の意見を表明する権利を確保する。この場合において、児童の意見は、その児童の年齢及び成熟度に従って相応に考慮されるものとする。

(子どもの権利条約第12条第1項)

　児童は、表現の自由についての権利を有する。この権利には、口頭、手書き若しくは印刷、芸術の形態又は自ら選択する他の方法により、国境とのかかわりなく、あらゆる種類の情報及び考えを求め、受け及び伝える自由を含む。

(子どもの権利条約第13条第1項)

第1章 4 子どもの意見表明権

Q 子どもの権利の中で、意見表明権について教えてください。

A 子どもたち抜きに子どもたちのことを決めないで、ということです。

2016年に改正された児童福祉法に、ようやく子どもの「権利」が盛り込まれ、

子どもの「意見が尊重」という文言も規定されました。1989年に子どもの権利条約で示されてきたことですが、児童福祉法が改正されたことによって、児童相談所、里親家庭、フォスタリング機関、政策決定の場などでより「子ども自身の声」を反映する必要性があります。

子どもの権利条約の子どもの意見表明権（第12条）とは、第１項で子どもが自由に意見を述べる権利を、第２項では子どもに関係するすべてのことについて聴取する機会を規定しています。実は日本では意見表明権といわれますが、英語では「聴かれる権利」（The right to be heard）です。子どもに関することは子どもに聴き、その声を「考慮」しなくてはなりません。

障害者運動のスローガンとして、「私たち抜きに私たちのことを決めるな」（Nothing about us without us）という言葉があります。保護の対象と見られ、自己決定を奪われてきた当事者たちがこのスローガンのもとに闘ってきました。アメリカやイギリスの代替養育でも、この言葉を使う場面をよく目にします。

これからの日本の代替養育では、子ども自身が利用者であることを意識し、一時保護から措置委託、そして里親委託後から解除、アフターケアに至るすべての過程で、子どもへの丁寧な説明と意向の聴取が不可欠です。さらに里子にとってよりよい制度とするために、当事者・里親家庭経験者が政策決定の場に参画するというのは当然求められることです。経営学ではロザベス・モス・カンターが明らかにしたように、少数派の層が全体の３割を超えると、意思決定に影響力を持つといわれています。多様な当事者の声を十分に反映するために、１名ではなく複数の当事者が参画することが望まれます。

欧米では里子自身が援助方針を決める会議に参加している国が少なくありません。しかし、形式的に子どもが「いる」だけになることもあり、イギリスでは会議や苦情解決などの場で、子どもの側に立って子どもの参画を支援する、独立アドボケイトをつけることができます。

あわせて、イギリスではソーシャルワーカー、コミッショナー（オンブズマン）、アドボケイトの採用面接に子ども自身が面接官の一人となる、あるいは子どもたちによるグループ面接が行われることは一般的な風景となっています。日本には子どもが面接官をするという発想がこれまであったでしょうか。子どもにとって良い支援者になってもらうには、養成から採用まで子どもが関わる必要性があると思います。

日本政府は子どもの意見表明権の保障について国連子どもの権利委員会から指摘を受けています。2010年、「児童相談所を含む児童福祉サービスが子どもの意見をほとんど重視していないこと」(para43) ことを懸念され、2019年の審査でも「代替的養育」など「自己に関わるあらゆる事柄について自由に意見を表明する子どもの権利が尊重されていないことを依然として深刻に懸念する」として、「緊急の措置」(para 4) で勧告されています。

　あらゆるケースの過程、政策、生活の場でも子ども抜きに決めていないか、自問自答するセンス、子ども参画の文化をはぐくむことがこれからの代替養育には必要です。

第1章 5 子どもの最善の利益

Q 児童に関するすべての措置は「子どもの最善の利益」が優先して考慮されるとありますが、どのように実践すればいいのでしょう。

A 「私たちのことを、私たち抜きに決めないで（Nothing about us without us）」。子どもの気持ちを理解しようと努め、子どもの思いや願いを聴き、受け止めていくことが「最善の利益」の始まりだと考えられます。

　児童福祉法が約70年ぶりに改正され、第1条には、子どもは、子どもの権利条約の精神にのっとって、適切に養育されること、生活を保障され、愛され、保護されること、成長発達と自立が図られることが、第2条には、児童福祉の原理として、児童の年齢及び発達の程度に応じて、その意見が尊重され、その最善の利益が優先して考慮されることが明記されました。子どもの権利条約第3条でも、子どもに関するすべての決定に際して、子どもの最善の利益が主として考慮される旨が規定されています。しかし、「すべての措置は子どもの最善の利益が主として考慮される」との理念は、具体的にはどのように実践されるのでしょうか。

　まず、社会的養護下の子どもの最善の利益としては、児童福祉法第3条に、子どもがその家庭での生活が続けられないときは「家庭における養育環境と同様の

養育環境」、すなわち里親や養子縁組、ついで「できるだけ良好な家庭的環境」、すなわち小規模化された施設において養育すべきことが明記され、2009年、国連総会で採択された「国連子どもの代替養育に関するガイドライン」には、何よりも実の親の養育に留めることに力を尽くすこと、実家族から離すことは最終手段であり、短期間にとどめ、定期的に見直されること、貧困を理由に実家族から分離したり、兄弟姉妹は分離すべきではないことなど準拠すべき一定の基準が示されています。他方、代替養育の決定過程においては、子どもが意見を求められ、意見を表明することが子どもの権利であること、また、出自を知ることも子どもの権利として定められています。つまり、最善の利益を考慮した措置決定のためには、「子どもが意見を求められ、意見を表明し、尊重されること」が条件とされているといえます。

しかし、わが国の子どもの意見表明の現状は、2019年2月1日の「国連児童の権利委員会の一般的意見」で日本政府へ勧告されたように「子どもが自由に意見を表明し、聴かれる環境が整っていない」のが現状です。児童相談所の運営指針には、「子どもの援助指針の策定に際しては、児童相談所の方針を子ども及びその保護者、必要に応じて祖父母等に伝えその意向を聴取するとともに、その策定の過程においても可能な限り子ども及び保護者と協議を行うなど、これらのものの参加を得ることが望ましい」と示されていますが、これまでは子どもたちは、自分の処遇が決められる際に、その参加を求められることは少なく、児童相談所、親や保護者、里親や施設の養育者、支援者などに代表される大人の意見で決定され、子どもたちは、意見を言いたくても言えない、相談しても無理、里親に迷惑をかけてはいけない、秘密が守ってもらえないなど、諦めていることが多かったのです。

しかし、わが国でも、2019年9月現在、改正児童福祉法のもと、全国で策定されようとしている「都道府県社会的養育推進計画」には、第2項に「当事者である子どもの権利擁護の取組」、子どもアドボカシーについて記載することになっています。わが国の子どもの権利擁護の取り組みは始まったばかりですが、まず、子どもアドボカシーの環境づくり、システムづくりとともに、措置の決定や解除・巣立ちに際しては「子どもの気持ちを理解しようと努め、子どもの思いや願いを聴き、受け止め、決定していく」ことが「最善の利益」の出発点になると考えます。

第1章 | 6 施設養護と家庭養護

Q　施設養護と家庭養護について教えてください。

A　施設養護を担うのは乳児院、児童養護施設、児童自立支援施設などの施設であり、家庭養護を担うのは、里親とファミリーホームです。

　保護者のない児童や、保護者に監護させることが適当でない児童を、公的責任で社会的に養育し、保護するとともに、養育に大きな困難を抱える家庭への支援を行うことを「社会的養護」といいます。社会的養護は、「子どもの最善の利益」と「社会全体で子どもを育むこと」を理念として実施され、次の3つの機能を持つとされています。
　1　「養育機能」は、家庭での適切な養育を受けられない子どもを養育する機能であり、社会的養護を必要とするすべての子どもに保障されるべきもの。
　2　「心理的ケア等の機能」は、虐待等の様々な背景の下で、適切な養育が受けられなかったこと等により生じる発達のゆがみや心の傷（心の成長の阻害と心理的不調等）を癒し、回復させ、適切な発達を図る機能。
　3　「地域支援等の機能」は、親子関係の再構築等の家庭環境の調整、地域における子どもの養育と保護者への支援、自立支援、施設退所後の相談支援（アフターケア）などの機能。
　　　　　（2011年7月、社会保障審議会児童部会「社会的養護の課題と将来像」）
　社会的養護は施設養護と家庭養護に分類されます。施設養護を担うのは乳児院、児童養護施設、児童心理治療施設、児童自立支援施設、母子生活支援施設、自立援助ホームなどの施設です。2019年1月の報告によれば、現在わが国には、乳児院が140か所、児童養護施設が605か所、児童心理治療施設が46か所、児童自立支援施設が58か所、母子生活支援施設が227か所、自立援助ホームが154か所あり、全体で3万7,496人の児童が養育されています。
　一方の家庭養護を担うのは、里親とファミリーホーム（小規模住居型児童養育事業）です。里親は、養育里親、専門里親、養子縁組里親、親族里親に区分され

ます。専門里親は、養育里親のうち虐待、非行、障害などの理由により専門的な援助を必要とする子どもを養育する里親、養子縁組里親は特別養子縁組（第4章1参照）を前提として養育する里親、親族里親は児童の3親等以内の者が養育する里親です。養育里親は9,592世帯、専門里親は702世帯（養育里親との重複登録があります）、養子縁組里親が3,781世帯、親族里親が560世帯で、総数で1万1,730世帯の里親が登録されています。里親に委託されている児童数は5,424人です。ファミリーホームは、養育者の住居において5～6人を定員として家庭養護を行うもので、347か所のホームで1,434人の児童が養育されています。

　社会的養護の対象となる児童は約4万5,000人ですから、約84.5％の児童が施設養護による養育を受けていることになります。

　「今後、家庭養育優先原則を実現するためには、その受け皿となる里親を増やすとともに、質の高い里親養育を実現するため、包括的な里親支援体制を実現することが不可欠である」（2018年7月、厚生労働省「『都道府県社会的養育推進計画』の策定について」）とする一方、施設養育に関しては、「『できる限り良好な家庭的環境』において、高機能化された養育や親子関係再構築に向けた保護者等への支援を行うとともに、里親や特別養子縁組を含む在宅家庭への支援を行うことなど、施設の高機能化及び多機能化・機能転換、小規模かつ地域分散化を図る」方針としました（2018年7月、厚生労働省「乳児院・児童養護施設の高機能化及び多機能化等の進め方について」）。

第1章 7 愛着（アタッチメント）障害

Q 里親養育においては里子との間の愛着形成が重要といわれますが、愛着（アタッチメント）障害とはどのような状態をいうのでしょうか。

A 不適切な養育環境では、①安全基地が形成されない反応性アタッチメント障害に加え、②親子の役割が逆転する、抑制が効かず自分を危険にさらす行動をする、極端なしがみつきや服従を示すなどの安全基地の歪み、③養育者の前で凍り付きや方向を見失ったように振る舞う無秩序なアタッチメント行動もしばしば見られます。これらをあわせて「愛着障害」と総称しています。

　アタッチメントとは養育者と子どもの間に育つ情緒的な絆です。その働きは次頁の図のような「安心感の輪」にたとえられます。生後6か月頃から2歳台までの小児期早期の発達過程では子どもに継続的に関わり安全を保障し、苦痛への慰撫を与えてくれる対象との間に特別な絆が育まれます。養育者は子どもが脅威に直面したときには避難所として存在し、不安や怖れなどの否定的な感情をコントロールします。また子どもが離れて探索活動をしているときも、困ったときはそこに戻れば安心してエネルギーを補給できる安全基地として心の中に存在するようになります。現実の、そして心の中にいる養育者との間で育まれる絆は「安心感の輪」として、安全か脅威に曝されるか、状況に応じて伸び縮みするゴムのように養育者との距離を柔軟に調節して子どもの気持ちと行動を制御します。

　養育者に安全と安心を依存している発達早期に保護や慰めを与えてくれる存在がいない環境で育つ子どもたちもいます。養育的ケアを十分提供できない大規模施設や、次々に養育者が替わる状況、養育者による放任・虐待のもとに長期間置かれた場合などが挙げられます。このような状況では「安心感の輪」が崩れ、養育的ケアを求めるアタッチメント行動が抑制される、あるいは安全基地がないかのように無差別に接近し親密さを示すという両極端の対人行動のパターンが生じ、他者との関係性は失調状態に陥ります。これらが持続し生活に支障を生じる場合、反応性アタッチメント障害と診断されます。抑制された状態は、家庭的な環境で

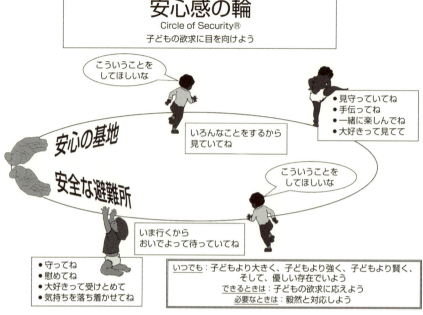

出典：Web page: Circleofsecurity.org © 2000 Cooper, Hoffman, Marvin & Powel
（北川・安藤・岩本訳、2013）

の一貫性のある養育的ケアの提供により安全基地が回復・形成されると改善します。無差別な親密さなど脱抑制的な対人交流のパターンは、里親などの家庭的養育の提供のみでは改善しにくいことがわかっています。

　安全基地が形成されない反応性アタッチメント障害に加え、不適切な養育環境では親子の役割が逆転したり、抑制が効かず自分を危険にさらす行動をする、しがみつきや極端な服従を示すなどの安全基地の歪み、養育者を前にして凍り付きや方向性を見失ったように振る舞う無秩序なアタッチメント行動もしばしば見られます。それらも気になる問題行動として周囲の養育者や支援者にも認識され、「愛着障害」と総称されています。愛着障害の視点は、気持ちと行動を制御する安全基地の不具合として幅広い子どもの心の問題の背景の理解につながる一方で、気になる親子の関係性に対する過剰なラベリング（スティグマ）となる懸念もあります。また、愛着障害が生じる成育環境では社会的孤立、貧困など子どもの心身の育ちに必要な資源の剥奪が持続し、自己調節や知的発達、社会性や行動制御

の発達にも影響を与え、軽度の知的発達の遅れや自閉スペクトラム症（ASD）、注意欠如多動症（ADHD）、限局性学習症（LD）などの発達障害（神経発達症）の特性を示すリスクも高まります。アタッチメントに基づく養育的ケアの提供を土台に、教育や医療など子どもの心身の発達に関わる専門領域が協働したインクルーシブな支援の提供が必要です。

第1章 8 社会的養護の現状と課題

Q 日本の社会的養護の現状について教えてください。日本が国連から勧告を受けたのはなぜですか。

A 欧米各国に比較して社会的養護が家庭養護よりも施設養護に偏重していることが問題とされました。

　国連は、子どもの権利条約第44条に基づき日本から提出された報告書を児童の権利委員会において審査した結果、2010年6月に、「2004年2月に出された懸念及び勧告に対する改善の努力は歓迎するが、多くの点において完全には実施されていない」として、具体的には、①子どもの権利を保障するための立法措置が不十分であること、②児童のための予算措置が不十分であることなどのほか、社会的養護に関して、「親の養護のない児童を対象とする家族基盤型の代替的児童養護についての政策の不足、家族による養護から引き離された児童数の増加、小規模で家族型の養護を提供する取組にかかわらず施設の不十分な基準、代替児童施設において広く虐待が行われているとの報告に懸念を有する」と懸念を繰り返し、

①里親が小規模なグループ施設のような家族型環境において児童を養護すること

②すべての里親に財政的支援がなされるよう確保すること

③国連子どもの代替養育に関するガイドラインを考慮すること

などを勧告しました。

　これに対して、2011年7月、児童養護施設等の社会的養護の課題に関する検討委員会などが取りまとめた「社会的養護の課題と将来像」においては、「日本

の社会的養護は、施設が9割で里親は1割に過ぎない。イギリスやイタリアは里親が6割、ドイツが3割であるなど、欧米諸国と比べて、施設養護に偏っている」と現状を分析した上で、「これまで、日本で里親制度が普及しない要因としては、①文化的要因のほか、②里親制度が知られていない、③里親といえば養子縁組を前提としたものという印象が強い、④研修や相談、レスパイトケアなど里親に対する支援が不十分、⑤児童相談所にとって施設への措置に比べて里親委託はマッチングに手間がかかる、⑥実親が里親委託を了解しないことが多いことなどが挙げられる」ものの、一部の自治体では飛躍的な改善があり、里親委託率を3割以上に引き上げることは十分可能であるとして取り組みの強化を提言しました。

　以上のような経緯を経て、2016年に改正された児童福祉法は家庭養育の優先原則を定めるとともに、施設養護下に置くとしても「家庭的環境において養育される」ことを基本的な理念としました。この改正を受けて、2017年8月に厚生労働省から発表された「新しい社会的養育ビジョン」においては、里親制度を取り巻く環境の整備と施設の小規模化・多機能化等に取り組むこととし、

- 愛着形成に最も重要な時期である3歳未満については概ね5年以内に、それ以外の就学前の子どもについては概ね7年以内に、学童期以降は概ね10年以内を目途に里親委託率50％以上を実現する
- 施設での滞在期間は、原則として乳幼児は数か月以内、学童期以降は1年以内とする
- 概ね5年以内に、現状の約2倍である年間1,000人以上の特別養子縁組成立を目指す

ことなどの工程表・数値目標を示して、社会的養護の大改革に着手することとしました。

　都道府県（政令指定都市を含む）においては、上記を施策化するために「都道府県社会的養育推進計画」の策定が開始されています。

コラム

改正児童福祉法と「新しい社会的養育ビジョン」

　2016年5月、改正児童福祉法が国会において全会一致で成立しました。この改正法においては、1947年の制定時から見直されてこなかった理念規定を改正し、子どもが権利の主体であることを位置づけるという大きな視点の転換が行われました。そして、第3条の2において、子どもが家庭において健やかに養育されるよう、保護者を支援することを原則とした上で、家庭における養育が困難又は適当でない場合には、養子縁組、里親、ファミリーホーム等への委託を進める、いわゆる「家庭養育優先原則」が示されました。厚生労働省は、従来、通知文などで里親委託優先の原則を示してきましたが、法律の文言として明記されたことは画期的なことです。ちなみに、家庭養育の先進国である英国においては、同様の文言が法律上明記されたのは1948年のことであり、70年遅れて日本でも法律上明記されたことになります。

　改正児童福祉法が公布された約1年後、厚生労働省は「新しい社会的養育ビジョン（以下「新ビジョン」と略す）」を公表しました。これは、改正児童福祉法の理念を具現化するため、約1年間にわたる検討委員会での議論の末に取りまとめられたものです。市区町村における子ども家庭支援体制の構築や児童相談所改革等に加え、一時保護改革、里親への包括的支援体制、乳児院、児童養護施設等の施設の高機能化及び多機能化・機能転換、パーマネンシー保障としての特別養子縁組の推進、子どもの自立支援、権利擁護など、多岐にわたる内容で構成されており、しかも、実現に向けた改革の工程と具体的な数値目標が示されました。

　新ビジョンの各項目はどれも重要なものですが、本コラムの限られた文字数の中で一つだけ紹介するとなると、「永続的解決を見据えたソーシャルワーク」でしょう。「国連子どもの代替養育に関するガイドライン」においては、里親ケアや施設ケアといった代替養育は、永続的な解決（子どもにとって生涯を共にする安全で法的に安定した家族関係の保障）を見出すまでの間、確保するものとされています。新ビジョンにおいても、代替養育のもとにある子どもに対して、永続的解決を目指すという方向性が明記されたのは画期的なことです。今後、代替養育の長期間の措置から、実親や親族のもとへの家庭復帰の促進や特別養子縁組などへの促進が図られるとともに、家庭環境で養育される子どもや養育者を支援する、地域の支援体制の充実がもっと必要になってきます。

新ビジョンに掲げられた数値目標に対しては、さまざまな議論が全国各地で繰り広げられてきました。しかしながら、数値目標も含めた新ビジョンが掲げた方向性と実現のプロセスは、改正児童福祉法の理念を具体的なものとして示したものであり、子どもの最善の利益を保障するために必要不可欠なものばかりです。子どもたちの権利保障や幸せを実現するために、ビジョンを「幻」に終わらせない、立場を超えた取り組みが全国で展開されることを願います。

〔藤林武史（福岡市こども総合相談センター所長、精神科医）〕

新しい社会的養育ビジョン
「新しい社会的養育の在り方に関する検討会」
平成29年8月2日取りまとめ公表

経緯
　平成28年児童福祉法改正により、子どもが権利の主体であること、実親による養育が困難であれば、里親や特別養子縁組などで養育されるよう、家庭養育優先の理念等が規定された。この改正法の理念を具体化するため、厚生労働大臣が参集し開催された有識者による検討会で「新しい社会的養育ビジョン」がとりまとめられた。

ポイント
1. 市区町村を中心とした支援体制の構築
2. 児童相談所の機能強化と一時保護改革
3. 代替養育による「家庭と同様の養育環境」原則
4. 永続的解決（パーマネンシー保障）の徹底
5. 代替養育や集中的在宅ケアを受けた子どもの自立支援の徹底

〈目標年限の例〉
- 里親委託率
  3歳未満（75%以上）：概ね5年以内
  就学前（75%以上）：概ね7年以内
  学童期以降（50%以上）：概ね10年以内
- 就学前の子どもは原則として施設への新規措置入所を停止
- 施設での滞在期間（原則として）
  乳幼児：数か月以内
  学童期以降：1年以内
  学童期以降（特別なケアが必要な子ども）：3年以内
- 年間1,000人以上の特別養子縁組成立を目指す：概ね5年以内

参考資料：https://www8.cao.go.jp/shoushi/shinseido/meeting/kodomo_kosodate/k_31/pdf/s15-1.pdf

コラム

これからの施設養護

　これからの児童福祉施設（以下「施設」という）は、改正児童福祉法第3条の2に基づき「できる限り良好な家庭的環境」のもとで子どもの支援を実施しなければならなくなりました。また、重要な点は、そうした家庭的環境の中で、個々の高度なケアが必要となる子どものケアニーズに合った養育を行うという個別化の原則に基づいたケアです。

　したがって、子どものケアニーズに合った図表1のような多様な小規模施設（子

■図表1　これからの児童福祉施設（総合センター化）（案）

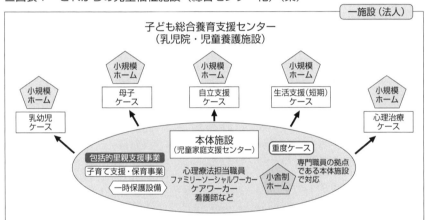

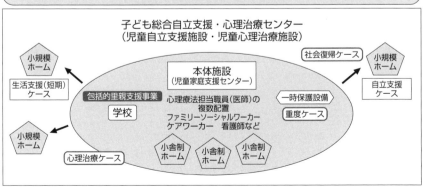

ども6人以下)を地域社会の中に創設することになります。また職員においてもケアニーズに合ったケアを実現できる人的配置及び人材育成が必要です。

また、施設は、図表2のような在宅措置による支援から代替養育まで社会的養護の対象である子どものニーズに適合した継続的・一貫的なケアを行うために、入所機能のみならず、アセスメント機能、相談(24時間365日対応)・通所機能、在宅支援機能、里親・養子縁組支援機能、心理治療的機能、自立支援機能及び家庭環境調整機能を付加するなど、センター化・多機能化することが必要になります。さらに、こうした施策の充実とあわせて、貧困やひとり親家庭及び特定妊婦の増加などから、妊婦や親子で入所できる施設の整備も必要になります。

[相澤仁(大分大学福祉健康科学部教授、SOS子どもの村JAPAN理事)]

■図表2　児童福祉施設の総合センター化構想(案)
　　　　これからの児童福祉施設が持つ機能

出典：第14回「新たな社会的養育の在り方に関する検討会」(2017年5月26日)
　　　資料4(相澤仁構成員提出資料)より

第 2 章
里親と里子

第2章 1 基本的心構え

Q 里親としての基本的心構えを教えてください。

A 「国連子どもの代替養育に関するガイドライン」や厚生労働省の「里親委託ガイドライン」、「里親及びファミリーホーム養育指針」などに即した養育を行いましょう。

◼️「国連子どもの代替養育に関するガイドライン」

「国連子どもの代替養育に関するガイドライン」では、「一般的原則と展望」として「家族は、社会の基本的集団であり、子どもの発達、ウェルビーイング（筆者注：個人の権利や自己実現が保障され、身体的、精神的、社会的に良好な状態にあることを意味する概念）と保護のための本来の環境であるから、まず何よりも実の両親の養育に留めるか、戻ることができるよう力を尽くすべき」とあります。安心・安全で健康的な家庭を保障し、代替的養育者として実の親に代わって子どもを養育するのが里親であり、このガイドラインを守るチームの一員といえます。

◼️厚生労働省「里親委託ガイドライン」

厚生労働省の「里親委託ガイドライン」には、里親委託優先の理由として次の3点が挙げられています。

　①特定の大人との愛着関係の下で養育されることにより、自己の存在を受け入れられているという安心感の中で、自己肯定感を育むとともに、人との関係

において不可欠な、基本的信頼感を獲得することができる。
②里親家庭において、適切な家庭生活を体験する中で、家族それぞれのライフサイクルにおけるありようを学び、将来、家庭生活を築く上でのモデルとすることが期待できる。
③家庭の中で人との適切な関係の取り方を学んだり、身近な地域社会の中で、必要な社会性を養うとともに、豊かな生活経験を通じて生活技術を獲得することができる。

3 地域の中で育つ生活

前項の③は、地域での生活が重要なことを述べていますが、里親は、養育を外部に開き周囲とつながること、里子が地域の子どもとなる方法を探して地域の資源とつながることが重要です。里親の生活は多忙になりますが、子どもが地域から受け取るものはとても多いものです。

4 子どもの権利の尊重

改正児童福祉法では、第1条に子ども家庭福祉は子どもの権利条約にのっとり行われることが明記されました。里親養育では、子どもの権利を守るとともに、権利を行使する主体として育てることも大事です。適宜、「子どもの権利ノート」などを利用して子どもと話し合いましょう。

5 子どもの最善の利益（第1章5参照）

6 子どもの意見の尊重

子どもに関わることは、常に子どもに必要な情報を伝え、子どもの意見を聴くこと（子どもアドボカシー）を習慣化するように努めましょう。

7 守秘義務の遵守

個人情報は、必要なとき、必要な人以外には漏らしてはいけません。写真なども大事な個人情報です。アルバムや養育ノートなどの記録も子どものものとして大事に保管してください。

8 実家族との協働

産みの親が子どもに果たす役割の重要性を認識し、子どもが実家族とともに生きていくことを支援すること、家族再構築計画、養子縁組の計画に協力することも里親の役割です。

第2章 2 大切にすべきこと

Q 子育ては、つい自分流になってしまうと思うのですが、里親養育の中で大切にすべきことは何でしょうか。

A 子どもとの間に愛着関係を築き、実親との協働を念頭に置きながら、チームで、地域社会の中で養育に取り組みましょう。

■1 愛着（アタッチメント）関係を築く

　子どもにとっての特定の養育者となって、ともに家族を作り、愛着（アタッチメント）関係を築くことが里親養育で最も大切なことです。子どもとの愛着（アタッチメント）は、子どものアイデンティティや自尊心、他者への思いやりを育て、生きていくための基盤を作るからです（第1章7参照）。

　しかしながら、過去に経験した虐待やトラウマは、子どもとの愛着形成を難しくします。ありのままを受け入れながら、子どもが感情を表現しやすいように手助けし、ともに語り合い、自分史を話せるように支援していきましょう。子どもの問題行動は、過去のトラウマや悲しみを癒している行動と理解されます。問題行動が激しい場合は、対応するためのスキルを学ぶことも必要でしょう。「フォスタリングチェンジ・プログラム」（問題行動への対処の仕方やスキルの獲得のためにイギリスで開発された里親研修プログラム）を受けることもお勧めします。

　一方、子どもの喪失感を理解することも里親養育にとって大事なことです。子どもは、実親、きょうだい、友達、大好きなペット、慣れ親しんでいた環境、思い出や自分の夢など、多くのものを失い、寄る辺のない気持ちで里親家庭に来ます。「待っていたよ。安心していいんだよ」と伝え続けることが大切です。

■2 実の家族との協働養育

　里子は2つの家族の子であり、実親は、里親とともに子どもの将来を築く存在です。子どもは、二重の親子関係のモデルを持っていないため、忠誠葛藤に陥りますが、実親が子どものことを愛していることを伝え、実親のことを否定的に言わないこと、親のプレゼントなどを大切にし、運動会や学校行事、病院受診などでは実親に参加を勧め、面会交流や外泊に協力することなどが大事です。

3 自己覚知すること

固有の子育て観にとらわれず、自分の子育て観を押し付けないようにしましょう。子どもの話に耳を傾け、意見を大事にし、自己決定に導くことが重要です。里親であっても、自分が育てられたように子どもを育てる傾向があるということを認識し、自分自身の養育歴を振り返り、自己覚知することも必要です。

4 チーム養育

里親やファミリーホームでの養育は、私的な家庭という場で行われますが、社会から託された養育です。自分の子育て観が色濃く投影された自己完結的な養育ではありません。社会的な委託に応える養育を行うためには、児童相談所をはじめ関係機関や地域の支援者とともにチームを作り、委託の目的や支援目標を理解しつつ、随時状況を報告・相談しながらチームとして養育を進めていくことが重要です。里親会や地域の子ども会などにも参加し、子どもに多くの友達を作ることも大切です。特に子どもの問題行動など、困難な状況に直面したときは、早めに相談し、支援を受けましょう。

5 地域での生活（第2章1参照）

6 しつけと体罰

しつけは親子を積極的な関係に育てますし、感情や行動をコントロールする力を育てます。一方、体罰は不安を助長し、むしろ問題行動を強化し、子どもの権利侵害になります。「被措置児等虐待防止ガイドライン」にしたがって、法的な対応が必要な事態となります。

第2章 3 特定の子どもと気が合わない

Q 複数の里子を受託していますが、年少の女児と気が合わず苦労しています。対応の方法を教えてください。

A 子どもの行動をよく観察し、自分の感じ方を客観的に振り返ってみましょう。

子どもと気が合わないということは、実子との間であっても起こり得ることで

す。そのこと自体を子どもに申し訳ないと考える必要はないと思います。

　子どものどこが気に入らないのか、子どもの行動をよく観察してみましょう。気に入らないと感じる行動を書き出して検証してみることも効果的な方法の一つです。できるだけ具体的に行動の一つひとつを書き出し、それを冷静に振り返ってみましょう。いくつかの事項に、何か共通していると思われることがありませんか。客観的に見ることで自分自身の感じ方やものの見方が投影されていることに気がつくかもしれません。自分に特徴的な養育の傾向をつかむこともできます。それを、子どもの立場に立ってもう一度見てみましょう。それだけでも気づくことが多々あると思います。また、物事の捉え方など、しばしば自分自身の育ちと関係していることに気づく場合もあります。

　子どもの行動で少し良い点、ここはいいなと思う行動はありませんか。それも書き出してみましょう。また、気づいたらすぐにその行動を褒めましょう。褒められることで、子どもの反応が変わることに気づくと思います。

　しかし、どうしても気が合わない、この子と一緒にいることが苦しい場合、児童相談所や児童家庭支援センター、フォスタリング機関などに相談しましょう。

第2章　4　里親と実親

Q 乳幼児期から預かり、わが子同様に育ててきました。実親の生活は依然として不安定で、このまま私といた方が子どものためだと思うのですが、それでもいずれは実親に戻さなければならないのですか。

A 子どもが父母と交流する権利は尊重しなければなりませんが、実親の状況によっては、養子縁組を考えることも必要かもしれません。

　里子は「2つの家族の子」といわれます。実家庭の子であり、里親家庭の子どもでもあるということです。子どもは里親を大好きですが、子どもにとって、実親も大切な存在です。わが国の里親家庭の子どもは、施設で育つ子どもに比べて実家族と交流することが少なく、27.1％の子どもしか交流がない状況でした（2012年、厚生労働省統計）。しかし、子どもの権利条約第9条には、虐待やネグ

レクトによって、親子の分離が子どもの最善の利益にとって必要と司法が決定する以外は、父母と交流する権利を尊重することが明記されています。子どもにとって、自分が、誰からどのようにして生まれたのか、自分は何者なのかということを知ることは、アイデンティテイの基盤になり、生きていくための基盤となるからです。

　乳幼児期から育て、まるでわが子のようになっている子どもを不安定な生活をしている実親に返すことは、心配で、それが子どもにとって果たして良いことなのか悩まれることでしょう。これまで愛情深く育ててこられたことで、子どもとの間に確固とした愛着関係が築かれており、子どもの成長にすばらしい影響を与えていることと思われます。しかし、実親と交流することは、子どもの権利条約で保障されていることを考えると、やはり、児童相談所と相談し、実親の状況をよく聞いて、交流が可能かを検討することから始めることも大事だと思われます。乳幼児から離別して、思い出もないように思える子どもでも、実親のことを知りたいと思い、実親と離れていることの悲しみを抱えているかもしれません。子どもが実の親のことをどう思っているか、子どもの気持ちや、どうしたいかという子どもの意見がとても大事です。実家族との交流や家族再構築は、あるいは長い道のりになるかもしれません。

　実親の状態が、関係者や専門家とともに話し合う「家族応援会議」ができるまでに改善すればよいのですが、実の親がなかなか引き取ることができない状況のときは、児童相談所とともに養子縁組を考えることが必要かもしれません。子どもの持っている時間は短いのです。養子縁組については、思春期に入る前に子どもや関係者の意見をよく聴いて検討することが望ましいと思われます。

第2章 5 「密室化」を避ける

Q 子育てが密室化しないための具体的な方法を教えてください。

A 里親仲間や近所の方たちとの交流を深めましょう。

　里親養育は中途養育です。子どもはそれまでの歴史を背負っています。特定の大人（里親）との愛着関係の再構築から始めなければならないことが大半です。したがって、赤ちゃん返りや試し行動など、里親を悩ませることが多々起こります。里親はそれらを予想しておくことや、子どもとの関係について相談できる場を持っておくことが大事です。里親会や里親サロンなどで仲間と話すことも役立ちます。

　近所の人たちには、里子のことをどのように話されているでしょうか。子どもの個人的な状況など守秘義務として守らなければならないこともありますが、里親との今の生活を開かれたものにするためには大事なことです。

　子どもの問題はすべて里親が解決すべき問題と捉えていくと、苦しく、そして家庭内だけにこもってしまうことになりかねません。子育て、子育ちは、相互交流です。子どもには個性があります。うまくいかなくても里親だけの責任ではありません。子どもは二者関係から三者関係、多くの人との触れ合いの中で育ちます。周りの力を借りて、一緒に育てていくことは、子どもの社会性を育てるのにも大切なことです。

　児童相談所やフォスタリング機関、児童家庭支援センター、保健所などは里親を評価する機関ではありません。里親とともに子育てを考えていく機関です。上手に活用していきましょう。

コラム

里親不調・フォスタリングチェンジ・プログラム

　里親不調について、特定できるデータはないものの、2013年度の里親委託解除1,272件のうち、児童福祉施設への措置変更が344件、そのうち母子生活支援施設やファミリーホームへの措置変更を除き、それと推測されるものは240件（19％）でした。

　里親不調は、里親と里子にとって、また里親の家族にとってもつらい体験になります。自分の育て方が悪かったのではないかと悩み、自信を失い、罪悪感や喪失感にさいなまれます。里子にとっても、これからどうなるのだろうという不安、喪失感、自尊心の傷つきにもつながりますので、これをいかに予防していくかが重要です。

　里子は、さまざまな歴史を背負い里親宅にやってきます。トラウマ体験や発達上の課題を抱えている子どもも多くいます。里子の特徴や関わり方などを認定前研修などで一応知識としては得ていても、委託後に子どもと生活を共にしてみると、行動に戸惑うことやイライラすることなどが増えてきます。また、小さい時から育てていても、思春期になり、自分の生い立ちなどと向き合わねばならない時期になると、さまざまな問題が露呈してきます。児童相談所に相談する方がよいとわかっていても、相談すれば力のない里親と思われないか、子どもを引き上げられてしまうのではないかと心配し、ためらう場合もあるようです。しかし、行き詰まってしまう前に相談することが重要です。児童相談所の他に里親支援として、フォスタリング機関や児童家庭支援センター、施設の里親支援専門相談員などがあり、これらに相談することも一つの方法です。

　また、このような委託後のさまざまな問題行動への対処の仕方やスキルの獲得のための里親研修としてフォスタリングチェンジ・プログラム（以下FCP）があります。日本の里親研修は、登録時研修を修了すると、その後の継続研修は単発的なものが多く、非常に貧弱といわざるを得ません。FCPは、里親委託の先進国である英国のモーズレイ病院において開発された、アタッチメント理論、社会的学習理論、認知行動理論などに基づき、ペアレント・トレーニングの考えも取り入れた実践的なプログラムです。ネグレクトや虐待が与える影響を考慮しつつ、効果的なコミュニケーション、問題解決のスキルを重視し、里親が日々の生活の中で、子どもの行動のニーズを把握し対応できるようになること、子どもとの良好な関係性の構

■フォスタリングチェンジ・プログラムのセッション内容

	題　目	具体的内容
1	グループの立ち上げ、子どもの行動の理解と記録	子どもの経験、発達に関する理解と問題の再認識
2	行動に影響すること、先行する出来事と結果	アタッチメント理論、社会的学習理論、ABC分析
3	効果的にほめること	子どものニーズと不適切な養育の関係、養育者自身の経験の話し合い
4	肯定的な注目	遊びの役割、アテンディング、説明的コメント
5	子どもが自分で感情をコントロールするためのコミュニケーションスキル	子どもの感情理解とコントロール能力への注目、子どもの視点
6	子どもの学習を支える	教育の状況、特別なニーズ、読むことの支援、マイナスの自動思考
7	ご褒美とご褒美表	「私は」メッセージ、適切な行動への変化とその強化
8	指示を与えること、選択的に無視すること	効果的な指示、賞賛、無視の方法
9	肯定的なしつけと限界設定	家族のルール、自然な結果、合理的な結果、子ども自身の学びを支持
10	タイムアウトと問題解決のための方法	適切なタイムアウトの実施方法、問題解決方法
11	終わりにあたってのまとめ	子どものライフストーリー理解を助ける、次の学校への移行、内容のふりかえり
12	今後について、養育者自身のケア	支援者のケア、自尊感情の重要性

出典：『フォスタリングチェンジ　子どもとの関係を改善し問題行動に対応する里親トレーニングプログラム【ファシリテーターマニュアル】』（福村出版、2017年）より

築を目的としています。

　2人のファシリテーターによる週1回3時間、6〜10人グループでのセッションを12回実施します。里親は子どもの示すさまざまな問題行動に目を奪われるのではなく、子どものニーズに気づき、対応できるよう多くのスキルを実践的に学びます。里親による日常のさまざまな対応は、子どもからすれば里親との良好な関係を築く過程でもあり、本プログラムではこの良好な関係構築を重視し、これをもとにさまざまなスキルを積み上げます。福岡市では、SOS子どもの村JAPANと児童相談所との協働で2016年度より実施していますが、出席率は97％と好評です。2018年度は、全国18か所で実施されており、参加里親から「子どもとの関係が良くなった」「子どもの問題行動が減少した」など高い評価を得ています。

　［松﨑佳子（子ども家庭支援センター「SOS子どもの村」センター長、広島国際大学心理科学研究科教授）］

第 3 章
親権と里親の権限

第3章 1 親権① 親権とは

Q 親権について教えてください。

A 親権とは、親子という固有の身分関係から派生する未成年の子どもを監護養育するために、その親に認められた権利義務の総称で、内容としては、身上監護権と財産管理権に大別されます。

　親権は、社会や国との関係においては、監護や教育への不当な介入を拒むことのできる「親の権利」であると理解されていますが、子どもとの関係では、子どもの利益を実現する親の「義務」「責任」として理解されるべき権利です。民法第820条には「子の利益のために」と明記されています。

　親権は身上監護権と財産管理権に大別されますが、身上監護権については、民法第820条で「親権を行う者は、子の利益のために子の監護及び教育をする権利を有し、義務を負う」と定められており、その内容は居住指定権、懲戒権、職業許可権に分かれます。

- 居住指定権：親権者が監護教育を行うには、その子の居所を親権者が指定できる必要があります、そこで、子は親権者の指定場所に居所を定めなければならないとされています。
- 懲戒権：子に非行があった場合、更生教育するため、身体・精神に苦痛をともなう懲戒を与えることができます。しかし、懲戒の目的はあくまで子の教育ですから、目的の範囲内で許されるもので、目的を逸脱したり、過剰な内容の懲

罰を与えたりするような場合は、懲戒権の濫用となります。しつけの名のもとに虐待を認めるものではないというのは当然のことです。

- 職業許可権：未成年者が職業に就くことは、本人にとって身体的な負担となり、財産に影響及ぼすので、子の利益を保護する必要が生じます。そこで、未成年者が職業を営むには、未成年者の身体・精神の発達状況などを認識している親権者の許可が必要とされています。

財産管理権については、民法第824条には、「親権を行う者は、子の財産を管理し、かつ、その財産に関する法律行為についてその子を代表する」と規定されています。「財産に関する法律行為」とは、未成年者の財産上の地位に変動を及ぼす一切の法律行為を広く対象としています。「代表」とは、包括的な代理権を意味します。未成年者が契約を締結するなど法律行為を行うには法定代理人の合意が必要とされています。合意なしに行った場合は、法定代理人が取り消すことができます。

第3章 2 親権② 親権の制限・停止

Q 実親の親権が停止されたり、喪失されたりすることがあると聞きました。どのような場合に親権が停止されたり喪失されたりするのでしょうか。

A 親権の行使が著しく困難又は不適当なときや実親が子どもの利益を著しく損なうときにとられる措置です。

民法第834条の2は親権停止について、「父又は母による親権の行使が困難又は不適当であることにより子の利益を害するときは、家庭裁判所は、子、その親族、未成年後見人、未成年後見監督人又は検察官の請求により、その父又は母について、親権停止の審判をすることができる」と規定し、「父または母による親権の行使が困難または不適当であること」「それにより子の利益を害すること」をその要件としています。

具体的には、進学、労働、就職など親権者の同意が必要とされるにもかかわら

ず同意をせず自立を妨げる場合や必要な医療行為に同意をしない場合（医療ネグレクト）などです。

親権喪失については、民法第834条に、「父又は母による虐待又は悪意の遺棄があるときその他父又は母による親権の行使が著しく困難又は不適当であることにより子の利益を著しく害するときは、家庭裁判所は、子、その親族、未成年後見人、未成年後見監督人又は検察官の請求により、その父又は母について、親権喪失の審判をすることができる。ただし、2年以内にその原因が消滅する見込みがあるときは、この限りでない」と規定されていますが、「父または母による虐待又は悪意の遺棄があるときその他父または母による親権の行使が著しく困難又は不適当であること」、「子の利益を著しく害するとき」が要件とされています。

具体的には、施設入所などに対する家庭裁判所の承認審判（児童福祉法第28条）では不十分な場合で、親権者と子どもとの再統合が困難な場合などです。

里親委託措置がなされている場合、里親は、監護、教育及び懲戒に関し、その児童等の福祉のため必要な措置をとることができ、親権者等は当該監護措置を妨げてはならないとされています（児童福祉法第47条第3項、第4項）。親権者が児童や里親に対する実力行使に出る場合や、親権者の意向に沿うと、客観的に見て明らかに児童に不利益を与えると考えられる場合（必要とされる医療を正当な理由なく拒否する場合など）は、「不当に妨げる行為」になります。

このような行為があった場合は、親権者に対して説明をしますが、それでも改善が見られない場合は、事例に応じて、児童虐待の防止等に関する法律上の面会・通信の制限等で対応することができますが、それでも対応できない場合は、上記の親権制限（親権喪失・停止）の審判の請求をすることも考えられます。

第3章 3 保護者と親権者の違い

Q 子どもとの関係で、「保護者」という言葉が使われますが、「保護者」とはどういう立場の人ですか。「保護者」と「親権者」は違うのでしょうか。

A 児童福祉法上の「保護者」は、「子どもを現に監護している人」を意味しますが、法律によってその内容は異なります。

「保護者」は、学校現場でよく耳にする言葉です。学校教育法第16条は、「保護者（子に対して親権を行う者（親権を行う者のないときは、未成年後見人）をいう。以下同じ。）は、次条に定めるところにより、子に九年の普通教育を受けさせる義務を負う」と保護者を定義しています。この場合、「保護者」と「親権者」は一致していることがほとんどです。一方、児童福祉法は、保護者について「この法律で、保護者とは、（中略）親権を行う者、未成年後見人その他の者で、児童を現に監護する者をいう」と規定しています。ですから、児童福祉法では、親権を行う者などのほか、児童を現に監護する里親も保護者に含まれます。

このように保護者の定義は法律によって異なっています。参考までに、保護者が定義されているその他の法律を例示しておきます。

「この法律で『保護者』とは、少年に対して法律上監護教育の義務ある者及び少年を現に監護する者をいう」（少年法第2条第2項）

　　＊少年法上は、里親も「保護者」です。

「この法律において『保護者』とは、親権を行う者又は後見人をいう」（予防接種法第2条第7項）

　　＊予防接種法上は、里親は「保護者」ではありません。未成年後見人については第3章4を参照してください。

第3章 4 未成年後見

Q 未成年後見とは何ですか。

A 未成年者に親権者がいない場合や親権者が親権を行使できない場合に、未成年者を保護するために、未成年者の財産を管理し、身上の監護をする立場の人（未成年後見人）を選任する制度を未成年後見制度といいます。

　里子に親権者（養親も含みます）がいない場合や、親がいても病気や行方不明のために親権を行使できない場合は、親に代わって子どもの財産管理と身上監護をする人（未成年後見人）が必要となります。

　未成年後見人は、最後に親権を行使する人が遺言で指定することも可能ですが、ほとんどの場合は、親族や利害関係人などの請求に基づき、家庭裁判所が未成年後見人を選任します。未成年後見人には、子どもの親族が就任する場合もありますが、里親委託をされている子の場合は、弁護士、司法書士、社会福祉士などの専門職がなる場合が多いと考えられます。

　なお、親権者がいない場合や親権者が権限行使できない場合には、里子の親権は児童相談所長が代行しますので未成年後見人が選任されない場合もあります。

　未成年後見人は、財産の管理と身上監護の面で親権者と同じ権限と責任があります。具体的には、遺族年金や相続で得た財産など里子の財産は未成年後見人が管理することになります。日常生活に関わることについては里親の判断で行いますが、手術の同意や進学など、将来の生活に関わる重要な決定をする場合には未成年後見人の同意が必要となりますので、児童相談所だけでなく、未成年後見人とも話し合う必要があります。また、里子の措置変更についても未成年後見人の同意が必要となり、後見人が同意しない場合には、児童福祉法第28条の承認を得ることとなります。

第3章 | 5 | 親権者の変更

> Q 子どもの実父母が親権者変更について家庭裁判所で争うことになりました。この親権者変更について子どもが意見を言うことはできるのですか。
>
> A 家庭裁判所は、審判の際に、15歳以上の子どもの意見を必ず聴かなければなりません。また、子どもは、家庭裁判所の許可を得て親権者変更の手続に参加することができ、その中で意見を述べることが可能です。

　家庭裁判所でなされる家事事件では、紛争の当事者は父親と母親などの大人であっても、その結論が子どもにも大きな影響を与える場合があります。親権者の変更もそうした手続の一つです。

　このような手続では、家庭裁判所は子どもの意思の把握に努めるべきとされ、特に、15歳以上の子どもについてはその意見を聴くことが義務づけられています。

　さらに、審判の結果により直接の影響を受ける子どもが、家庭裁判所の許可を受けて審判・調停に参加できる場合があり、その場合には弁護士を代理人（「子どもの手続代理人」）として意見を述べることができます。

　里親としては、離婚手続、親権者変更手続、児童福祉法第28条の承認や更新の手続など、子どもに影響を与える家事手続がなされた場合には、子どもの意見が家事手続に反映されているかどうかに気をつけ、その点で問題があると思われる場合には、児童相談所や弁護士に相談してください。

第3章 6 家庭裁判所の承認による里親委託

Q 児童相談所の担当者から「親権者が委託に反対していたので、家庭裁判所の承認を得て、里親委託することになりました」と聞きました。家庭裁判所の承認とはどのようなものでしょうか。

A 児童相談所が里親委託の措置をとることに対して、親権者又は未成年後見人が反対するときは、同意に代わって家庭裁判所に承認を求めることができるとされています。

　児童相談所は、子どもを児童養護施設や乳児院へ入所させたり、里親に委託するなどの措置をとることができますが、親権者又は未成年後見人の意に反して措置をとることはできないとされています（児童福祉法第27条第1項第3号、第27条第4項）。しかし、親権者に子どもを返したら不適切な養育をしてしまうことが明らかな場合に、親権者が反対するからといって子どもを親権者に返すと、子どもの福祉が害されてしまいます。

　そこで、このような「保護者が、その児童を虐待し、著しくその監護を怠り、その他保護者に監護させることが著しく当該児童の福祉を害する場合」には、家庭裁判所の承認をもって、里親委託の措置をとることができるとされています（児童福祉法第28条第1項第1号）。

　児童相談所が、家庭裁判所に対し里親委託措置の承認を求める申し立てをし、その結果、家庭裁判所が児童相談所の申し立てを認め承認する旨の審判が下されると、里親委託措置をとることができます。

　なお、この家庭裁判所の承認に基づく施設入所又は里親委託の措置の期間は2年を超えてはならないとされており、2年を経過しても引き続き措置を継続する必要がある場合は、児童相談所が再び家庭裁判所の承認を得て期間を更新することができます（児童福祉法第28条第2項但書）。この承認の審判にあたっては、家庭裁判所調査官が調査のために里親宅を訪問することがあります。

第3章 | **7** 里親の権限

Q 受託した子どもについて、里親の権限とはどのようなものでしょうか。具体的には実親と比べて何ができて何ができないのでしょうか。

A 里親には、受託した子どもの監護、教育及び懲戒に関し、子どもの福祉のために必要な措置をとる権限があります。

　里親には、受託した子どもを監護、教育、懲戒するという、親権者の身上監護権に相当する権限があります（児童福祉法第47条第3項）。ただし、当然のことですが、ここでいう権限とは、里親が自分の考えで意のままに子どもを扱うということではなく、あくまで、子どもの福祉を第一に考え、子どもの幸せな成長、発達のために配慮をするという責任を伴った権限です。

　こうした責任について、厚生労働省令「里親が行う養育に関する最低基準」では、「里親が行う養育は、委託児童の自主性を尊重し、基本的な生活習慣を確立するとともに、豊かな人間性及び社会性を養い、委託児童の自立を支援することを目的として行わなければならない」（第4条）、「里親は、（中略）懲戒に関しその委託児童等の福祉のために必要な措置を採るときは、身体的苦痛を与え、人格を辱める等その権限を濫用してはならない」（第6条の2）、及び「里親は、委託児童に対し、学校教育法の規定に基づく義務教育のほか、必要な教育を受けさせるよう努めなければならない」（第7条）などとして示されています。里親の権限のうち、特に問題となる具体的な事例などについては、第9章などを参照してください。

コラム

ベストマッチ

　英語の「match」には、良く釣り合う人、結婚相手、調和するなどの意味があります。
　2011年7月16日土曜日、東京発の飛行機が福岡空港に着き、空港出口から2人の男女が降りてきました。その2人を出迎えた男性はその場でカメラのシャッターを切り、すぐにその写真をメールで私たち夫婦に送った後電話を掛けてきて、ひと言報告してくれました。
　「お父さん、お母さん、大丈夫ですよ！」
　大学を卒業して東京で働いていた「2番目の娘」が、結婚したいという相手を連れて東京から帰ってきたのです。どんな相手なのか心配して気をもんでいる夫婦に代わって、長女の家族親子5人が空港まで迎えに出向いてくれたのでした。
　「お父さん、お母さん、大丈夫ですよ」とは、何のサインかお分かりでしょうか。「He is a good match!」（彼は理想的な結婚相手だ！ 良かったね）です。「2番目の娘」が連れてきた青年は、私たち家族のお眼鏡に適ったという意味です。
　それから約2か月後の2011年10月9日日曜日の午後、教会の礼拝堂で、みんなの祝福の中、厳かに結婚式が挙行されました。それから早や8年、可愛い5歳と1歳9か月の2人の娘に恵まれて、このカップルへの祝福は今も続いています。
　実の娘一人だけだった私たち夫婦は、里親を志願して30代で里親登録をしました。しばらくして出会ったのが6歳の少女です。判断材料は何もありません。ただその少女がニコニコと笑っていたということだけでした。その時、長女は高校1年生でした。
　途中、少女は小学2〜3年にかけて一度母親のもとに戻ったものの、再び私たちを希望して帰ってきました。それ以来、大学を卒業する23歳まで一緒に生活しました。
　この子は、いつも、「私って幸せやね！」と言っていました。私は日頃から彼女に「ヘイ！ ラッキーガール！」と呼びかけていました。運の強い人は、高嶺に咲くスミレの花を目指してよじ登る粘りを持っています。逆境を順境に変えてしまいます。
　古い話ですが、松下電器の創立者松下幸之助氏は、採用試験の最高責任者でありながら、面接時に一言も質問せず黙って受験者を見つめていたそうです。側近がそ

の理由を聞くと、「運の強い人かどうかを見ている」という返事が返ってきたといいます。

　里親は、自分自身を運の強い人と思っていなくてはなりません。なぜなら里子を運の強い人間にメタモルフォーゼ（変容・変態）して幸せにする責任があるからです。これはもう学歴や資格、研修以前の、奥深い無意識の問題ではないかと考えています。

　この里子が結婚したのは28歳のときです。児童相談所で出会ってから22年が過ぎていました。これで里親の責任は終わったかと思いましたが、そうはいきませんでした。それに続くファミリーホームの6人の子どもたちの世話に加えて、この2番目の娘の2人の幼な子（7番目の孫）の遊び相手も、私たち老夫婦の仕事になっています。

　「里親家庭で家族を体験できたことが、私に結婚する勇気を与えてくれたのだと思います。施設でもなく、支援のないほぼ一人きりの母子生活でもなく、家族の一員になれたことが、結婚後の生活を支えてくれています」（次女談）

［養育里親］

第4章 養子縁組

第4章 1 養子縁組をめぐる法改正

Q 2019年に養子縁組制度をめぐる法律が改正されたと聞きました。主な改正点とその理由を教えてください。

A 代替養育に関する理念や運用、また、国民の親子に関する意識も変化している中で、主に特別養子縁組制度を利用しやすくするという観点で改正が行われました。

　特別養子縁組制度をめぐっては、2019年に重要な改正がなされました。特別養子縁組は、実親に近い強固な養親子関係を築くものとして、代替養育の中で重要な位置を占めますが、これまで主に以下の理由から、制度を利用しにくく、特別養子縁組をすることが適当な子どもについて縁組に至らない場合があるといった意見がありました。

①養子の年齢が6歳未満（以前から養育されている場合は8歳未満）とされている

②実親の同意が必要とされているが、実親の同意の意思がはっきりしなかったり、一度した同意を撤回する場合がある

③養親となる者が養子縁組の審判を裁判所に求めなければならず、特に実親との紛争に巻き込まれることなどへの懸念から審判申立を躊躇する場合がある

　こうした意見を受けて法改正の動きが進み、2019年の通常国会で、特別養子縁組に関する改正法が成立しました。
　改正の主な内容は、①養子の年齢要件を15歳未満（15歳までに養親になる者に

よる養育がなされている場合は18歳未満まで）に引き上げる、②審判を大きく２つの段階に分け、第２段階の手続には実親は参加できないこととする、③実親が第１段階で特別養子縁組に同意した場合に、同意から２週間を経過したら同意を撤回できないものとする、というものです。

なお、養子の年齢要件が引き上げられたため、縁組に対する子の意思がこれまで以上に重視されることとなります。

特別養子縁組制度は1987年に導入された制度です。その後、代替養育に関する理念や運用、また、国民の親子に関する意識も変化しています。今回の改正は、主に特別養子縁組制度を利用しやすくするという観点でなされましたが、特別養子縁組制度の導入から30年が経過したことを踏まえ、里親制度や普通養子縁組との関係を考慮したり、改正法の運用状況を見ながら、代替養育における特別養子縁組制度の位置づけや、それが果たす役割を改めてしっかりと議論する必要があります。

第4章 2 養子縁組の種類

Q 特別養子縁組と普通養子縁組はどう違うのですか。特別養子縁組をした子どもは実子と同じ法的地位を得るのですか。

A 特別養子縁組と普通養子縁組のいずれの場合も、養子は養親の親権に服することになります。ただし、特別養子の場合は実親との親子関係が断絶することに加え、離縁が極めて困難となるため、養親と養子の関係は実親子とより近いものになります。

普通養子縁組の場合も特別養子縁組の場合も、養子は養親の親権に服することになるため、子どもの養育は養親が行うことになります。特別養子と普通養子の違いは、一言でいうと、特別養子は普通養子と比べて養親と養子の間により実親子関係に近い関係を生じさせることに特徴があります。具体的には、①特別養子縁組ができるのは、養子が15歳未満の場合に限られること（ただし、15歳になる以前から養育している場合は、18歳になるまで養子縁組ができます）、②普通養

子縁組がなされても実親との親子関係は残るが、特別養子縁組がなされると実親との親子関係がなくなり、相続や扶養の関係が生じなくなること、③特別養子縁組の解消要件は厳しく、縁組の解消は極めて困難であることなどが挙げられます。

特別養子縁組が成立すると、実親との法律上の親子関係がなくなりますので、養子と養親との関係は、実親子関係と極めて近いものになります。しかし、離縁の可能性は残ります。また、実親との血縁関係はありますので、養子は血縁上の親を知る権利がありますし、場合によっては実親と会いたいとの希望に配慮することも必要になります。

第4章 3 里親と養子縁組① 特別養子縁組

Q 実親の同意のもとに、特別養子縁組を前提として里親委託された後、実親の所在がわからなくなりました。このままの状態で特別養子縁組の手続を進めることができますか。

A 特別養子縁組には、原則として実親の同意が必要ですが、実親が行方不明である場合や、実親が子どもを虐待している場合は、実親の同意は不要です。

特別養子縁組を成立させるためには、原則として実親の同意が必要です（親権者の同意ではありません）。この同意は、審判の時点で必要となります。ただし、実親が子どもを虐待するなど子どもの福祉を著しく害する場合や、実親が行方不明で同意の意思を表示できない場合などは、同意は不要とされます。したがって、質問のように十分に調査をしても実親の所在がわからないような場合には、特別養子縁組の手続を進めることができます。

第4章 4 里親と養子縁組② 普通養子縁組

Q 里子（血縁関係はない）が、私の養子になることはできないのかと聞いてきました。親権者の同意がなくても、養子縁組をすることはできるのでしょうか。

A 子どもが15歳以上であれば、親権者の同意がなくても普通養子縁組をすることが可能です。

　普通養子縁組は、子どもが15歳以上であれば、親権者の意向にかかわらず行うことができます（ただし、未成年者を養子にする場合には家庭裁判所の許可が必要です）。子どもが15歳未満の場合は、親権者が子どもに代わって養子縁組の意思表示をするため、親権者が反対すると養子縁組はできません。それによって子どもの福祉を著しく害する場合には、親権者について親権喪失・親権停止をして未成年後見人を選任するなどの手続が必要となります。

第4章 5 養子縁組の解消

Q 里子と特別養子縁組をしましたが、中学生になって非行を繰り返して困っています。それを理由に養子縁組の解消はできますか。

A できません。特別養子縁組の解消（離縁）は、厳格な要件のもとに、養子、実父母、検察官の請求で家庭裁判所の審判によりなされます。

　特別養子縁組は、子どもに対する永続的な養育環境を確保するために、強固な法律上の親子関係を築くものです。したがって、容易にこれを解消できない制度となっています。
　離縁は、①養親による虐待、悪意の遺棄その他養子の利益を著しく害する事由があること、②実父母が相当の監護をすることができること、という２つの要件

をいずれも満たす場合に、家庭裁判所の審判によって認められます。また、離縁の審判を家庭裁判所に請求できるのは、養子、実父母及び検察官に限られ、養親には離縁を請求する権利がありません。したがって、質問のように、養子が非行をするなど監護に困難な状態が生じたとしても、養親から養子縁組を解消することはできません。

養子縁組をする場合には、普通養子の場合を含めて、将来、子どもの養育が困難になるような場合が生じても、監護を継続する必要があることを覚悟して行う必要があるといえます。

なお、実際に養子の特性や行動により監護に困難な事情が生じた場合には、児童相談所など、養育に関する相談機関に早めにアドバイスを求めるなど、養親だけで悩まないことが重要です。非行の問題については、児童相談所以外にも、少年サポートセンター、少年鑑別所、「非行」と向き合う親たちの会など、相談に応じる機関があります。

第4章 6 改名手続

Q 特別養子縁組をした子どもの名前を変えたいのですが、可能でしょうか。名前の読みはそのままにして漢字を変えることができますか。

A 正当な理由があれば名前の変更は可能です。

名前は人のアイデンティティを示すものですから、容易に変更すべきではありません。しかし、正当な事由がある場合には、家庭裁判所で「名の変更」の許可を受けて、変更することができます。正当な事由とは、名の変更をしないとその人の社会生活において支障を来す場合をいい、単なる個人的趣味、感情、信仰上の希望等のみでは足りないとされています。認められる場合として、奇妙な名前である、読むのが難しい、性別を間違えられる、などの例がありますが、それぞれの事情によって認められるかどうかは異なります。当然のことながら、子の名前を養親が気に入らないというような理由では、名の変更は認められません。名

前の読み方は変えず、漢字だけを変える場合も名の変更なので同じように扱われます。

　家庭裁判所に対する名の変更の許可申請は、子どもが15歳以上の場合は子ども本人が、子どもが15歳未満の場合は法定代理人（養親）が行います。裁判所から名の変更許可を受けた場合には、本籍地の役場に戸籍の届出を行い、それによって名が変更されます。

　なお、名前の読み方は戸籍に記載されませんので、漢字は変えずに読み方だけを変える場合は、許可は不要です。住民票などに記載された読み方を変える手続については、市町村役場、区役所などにお尋ねください。

コラム

小児科医は子ども好きでないといけない？

　この質問に対する私の答えは、「必ずしもそれは必要ない！」です。無論、根っからの子ども嫌いでは困りますが、子どもが苦手だからという理由で小児科医が務まらないわけではありません。「小児科医は四六時中子どもの相手をしていなくてはいけない」というのも大きな誤解です。小児科医が病気やその治療法などについて詳しく話すべき相手は保護者でもあります。「私は大人が苦手だから小児科医を目指します！」でも困るのです。いずれにしても、医師には、十分な学識や優秀な技術の修得はもとより、難解な事柄であっても平易な言葉でわかりやすく話せる十分な説明能力、いわば教師能力が求められていることになります。元来幼い子どもたちには誰でも手こずるものですが、若い小児科医の多くは、日々子どもたちに接し、さまざまな経験を積む中で子どもたちへの苦手意識は次第に薄らぎ、笑顔で対応できるようになるものです。

　では、逆に、子どもに好かれないと小児科医は務まらないのでしょうか？　答えは、「そんなことはない！」です。幼子が生まれて初めて"親の裏切り（？）"を体験するときに傍らにいるのが小児科医であるという事実をご承知ですか。一連の予防接種がそれで、幼子が訳もわからないまま白衣の人の前に連れていかれ、半ば押さえつけられながら痛い目に遭うのです。めでたく１歳の誕生日を迎えるまで、何回もそれが繰り返され、頼りの親は、自分を痛い目に遭わせる人の協力者、共犯者（？）として、白衣を着た人に手を貸すこともしばしばです。そんなわけで、幼子が最も近寄りたくないのが小児科医であるといっても過言ではないようです。最近、少しでも和やかな雰囲気でと白衣を脱ぎ、胸にアニメの主人公などが描かれたシャツを着て幼子の相手をする医師や看護師が増えたのもごく自然の道理です。

　それでは予防接種年齢を過ぎて多少物心がついてくればどうでしょう。風邪などで受診して熱が下がり気分も良くなれば、子どもなりにも多少は治療の必要性がわかるかと思います。しかし、生まれつきの病気や難病で度々の検査や入院、さらには手術などとなるとそう簡単には行きません。なぜ自分は病気になり、ごく普通の日常が半ば強制的に奪われ、さらに多くのつらいことに耐えなければならないのか、なぜそれが自分なのか、という子どもの問いにわかりやすく答えることは容易ではありません。病気自体が身に覚えのない、納得しがたい理不尽な出来事なのです。

そういうわけで、子どもたちと小児科医がお互いに十分理解し合い、仲良くできるようになるのは簡単ではないようです。また、病気療養中の子どもにとって医師とは一対一の関係ですが、小児科医にとっては担当する複数の子どもの中の一人なのです。それでも、幼稚園や学校のように仲間同士で過ごせればまだしも、治療中で一緒に遊ぶことがままならない状況にあるという厳しい現実があります。

　医療の場に限らず、どんな状況下でも良好な人間関係は最優先の課題です。まずは、ぐずって聞き分けのない幼子に向かって、「私の言うことを聞かないとお医者さんに注射してもらうからね！」などとは決して言われないようにお願いしたいものです。

［福重淳一郎（SOS子どもの村JAPAN理事長、小児科医、元福岡市立子ども病院長）］

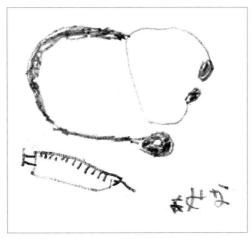

聴診器や注射器は4歳児の手に成ると……

第5章
ショートステイ・一時保護

第5章 1 ショートステイ

Q ショートステイの制度について説明してください。

A 保護者が「疾病、疲労その他の身体上若しくは精神上又は環境上の理由により家庭において児童を養育することが一時的に困難となった場合」に、当該児童に必要な保護を行う事業です。

　児童福祉法第6条の3第3項は、「この法律で、子育て短期支援事業とは、保護者の疾病その他の理由により家庭において養育を受けることが一時的に困難となった児童について、厚生労働省令で定めるところにより、児童養護施設その他の厚生労働省令で定める施設に入所させ、その者につき必要な保護を行う事業をいう」と規定しています。

　さらに厚生労働省令（児童福祉法施行規則）において子育て短期支援事業を「子育て短期支援事業は、短期入所生活援助事業及び夜間養護等事業とする」（第1条の2の6）と2種類に区分し、「短期入所生活援助事業とは、保護者が疾病、疲労その他の身体上若しくは精神上又は環境上の理由により家庭において児童を養育することが一時的に困難となった場合において、市町村長（特別区の区長を含む。以下同じ。）が適当と認めたときに、当該児童につき、（中略）必要な保護を行う事業」（第1条の2の7）と、また「夜間養護等事業とは、保護者が仕事その他の理由により平日の夜間又は休日に不在となり家庭において児童を養育することが困難になった場合その他緊急の必要がある場合において、市町村長が適

当と認めたときに、(中略)必要な保護を行う事業」(第1条の3)と定義しています。厚生労働省通知（子育て短期支援事業実施要綱）においては、短期入所生活援助事業をショートステイ事業と、夜間養護等事業をトワイライトステイ事業としています。

ショートステイ事業の対象となる者は、以下の事由に該当する家庭の児童又は母子等です。

①児童の保護者の疾病
②育児疲れ、慢性疾患児の看病疲れ、育児不安など身体上又は精神上の事由
③出産、看護、事故、災害、失踪など家庭養育上の事由
④冠婚葬祭、転勤、出張や学校等の公的行事への参加など社会的な事由
⑤経済的問題等により緊急一時的に母子保護を必要とする場合

ショートステイ事業等を実施する施設等については、以下のとおり定められています。

①この事業は、児童養護施設、母子生活支援施設、乳児院、保育所、ファミリーホーム等住民に身近であって、適切に保護することができる施設で実施するものとする。
②児童等の近隣に実施施設がないこと等により必要な養育・保護を行うことが困難である場合には、実施施設は、あらかじめ登録している保育士、里親等（市町村が適当と認めた者。以下「里親等」という）に委託することができるものとする。
③実施施設において、保育士、里親等に委託する場合には、委託された者の居宅において又は当該児童の居宅に派遣して養育・保護を行うものとする。
④実施施設は、児童の養育に経験を有する保育士、里親等を複数登録しておくこと。
　　　　　　　　　　　　　　　　　　　　　　　　　　　　（以下略）

なお、ショートステイ事業の利用期間は7日以内で、市町村長が必要と認めた場合には延長が可能です。この事業の窓口は市町村（特別区を含む）であり、児童相談所ではありません。

第5章 2 一時保護

Q 一時保護の制度について説明してください。

A 子どもの最善の利益を最優先に考慮して、子どもの安全を迅速に確保し適切な保護を図るため、または子どもの心身の状況、その置かれている環境その他の状況を把握するための措置です。

　児童福祉法第33条は一時保護について、「児童相談所長は、必要があると認めるときは、第26条第1項の措置を採るに至るまで、児童の安全を迅速に確保し適切な保護を図るため、又は児童の心身の状況、その置かれている環境その他の状況を把握するため、児童の一時保護を行い、又は適当な者に委託して、当該一時保護を行わせることができる」と規定しています。「第26条第1項の措置」の一つは、「児童を小規模住居型児童養育事業を行う者（ファミリーホーム）若しくは里親に委託し、又は乳児院、児童養護施設、障害児入所施設、児童心理治療施設若しくは児童自立支援施設に入所させること」ですが、一時保護の後に里親委託など社会的養護のもとに置くとしても、子どもを一時的にその養育環境から離し、一人ひとりの子どもの状況に応じた適切な支援を確保しつつ、心身の状況や置かれた環境などを把握して、その後の適切かつ具体的な援助方針を定めるために制度化されているものです。

　厚生労働省「一時保護ガイドライン」は、一時保護の有する機能を緊急保護及びアセスメントであるとした上で、付随的な効果として「短期間の心理療法、カウンセリング、生活面での問題の改善に向けた支援等が有効であると判断される場合であって、地理的に遠隔又は子どもの性格、環境等の条件により、他の方法による支援が困難又は不適当であると判断される場合」の短期入所指導を挙げていますが、

①緊急保護を行う必要がある場合としては、
　ア　棄児、迷子、家出した子ども等現に適当な保護者又は宿所がないための緊急保護の場合

イ　虐待等の理由によりその子どもを家庭から一時引き離す必要がある場合
などを例示し、
②アセスメントのための一時保護としては、
　　適切かつ具体的な援助指針（援助方針）を定めるために、一時保護による十分な行動観察等の実施を含む総合的なアセスメントを行う必要がある場合
としています。一般的な一時保護期間は２か月ですが、必要があれば延長が可能です。

　一時保護は、子どもの安全確保のため必要と思われる場合には、子どもや保護者の同意を得なくても実施できる強行性を有しています。子どもが保護を求めているにもかかわらず、保護者が保護を拒否するなど、保護者の同意が得られない場合も同様です。他方、子どもの最善の利益を守るための措置ですが、常に子どもの権利擁護に留意し、その意見が尊重されなければなりません。なお、育った環境の連続性を保障する必要がある場合など、子どもの状態に応じて里親その他適当な者に一時保護が委託されることがあります。

　子どもの安全確保や具体的な支援に直接結びつく一時保護は、児童虐待対応を含む児童福祉の入口に位置する重要な制度であり、高度の専門性を備えた多機関連携など今後の充実が待たれるところです。

コラム

みんなで里親プロジェクト

　幼い子どもが命を落とす痛ましい報道が相次いでいます。厚生労働省は、全国の児童相談所の虐待相談が、2017年度は13万件を超え、年間約80人もの子どもの命が失われていることを報告しています。さらに、児童相談所に一時保護される子どもも全国で増加し続け、虐待相談の子どもの95％以上はその後も家庭で生活していることなどから、今、地域で子どもと家庭に起こっている困難な状況への具体的な支援は、喫緊の課題となっています。「SOS子どもの村JAPAN」は、「すべての子どもに愛ある家庭を」をスローガンに、世界135か国で子どもの権利尊重の活動を展開する「SOS子どもの村」の日本法人として「子どもの村福岡」での「里親養育と里親支援の仕組みづくり」とともに、地域で一時的に困難な状況になる子どもの「一時保護とショートステイ」を行い、短期間預かることが、虐待防止、ひいては親子分離を防ぐ「地域の要支援家庭への重要な支援事業」であることを実感することになりました。

　そこでさらに進んで、福岡市西区役所と協働で、身近な小学校区に「短期の里親」を増やし、里親を受け皿とした地域の子どもと家庭を支える仕組みを作る「みんなで里親プロジェクト」を発足させました。「みんなで里親プロジェクト」は、「SOS子どもの村JAPAN」が区役所と協働事務局となって、①短期の里親をリクルートし、②子どもの村がショートステイの調整機関となって身近な小学校区で、里親が短期間子どもを預かることによって家庭を支える協働養育の仕組みを作ることを目指すものです。ショートステイを利用する家庭は、母子家庭、経済的困窮、育児不安、親の健康上の不安、精神疾患など要支援家庭がほとんどであり、年間を通して、複数回利用しながら、加えて経済的支援や訪問支援などを受けながら在宅生活を継続しています。

　ショートステイ事業については、厚生労働省の「新しい社会的養育ビジョン」においても、①増加の一途をたどる虐待相談の95％以上は在宅での生活が継続されていることから、児童相談所からの「在宅指導」となる社会的養護の子ども、②貧困家庭の子ども、③障害のある子ども、④医療的ケアの必要な子どもなどについて、「ショートステイが利用できれば一時保護に至らないケースがあるにもかかわらず、ショートステイが不足していたり、年齢によって利用が制限されている実態もある。子どもの人口当たりの必要なショートステイの定数を確保すべきである。そのため

には、乳児院や児童養護施設などの施設にショートステイ定員枠を設置する、もしくは児童家庭支援センターやフォスタリング機関などが市区町村の要請を受ける調整機関となって、里親をシュートステイの受け皿として活用する仕組みを整える方策が考えられ、都道府県及び市区町村でその推進を行うべきである」と述べ、施設とともに里親がショートステイの受け皿となって、親子分離を防止し、ひいては代替養育になることを防ぐものであると位置付けました。

「みんなで里親プロジェクト」は、このビジョンで例示された子どもの村の児童家庭支援センターが調整役となって市町村（区役所）とともに地域で里親の持つ専門性を活用し、子どもは幼稚園や学校に通いながら、区役所や地域の継続的な支援の中で、虐待や親子分離を防ぐショートステイのモデルを作るものです。

［坂本雅子（SOS子どもの村JAPAN常務理事、小児科医）］

■校区里親の試み

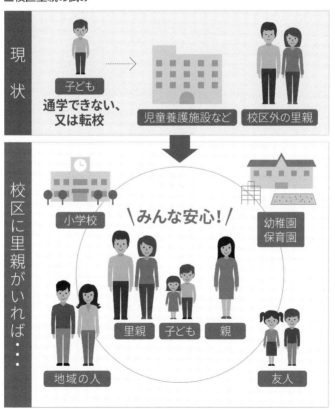

第6章
個人情報の保護

第6章 1 守秘義務① 守秘義務とは

Q 守秘義務の意味を教えてください。

A 守秘義務とは、個人情報やプライバシーなどの秘密を守る立場の者に課される義務をいいます。

　守秘義務とは、個人情報やプライバシーなどの秘密を守る立場にある者に課される義務のことをいいます。「里親が行う養育に関する最低基準」(2002年、厚生労働省)には「里親は、正当な理由なく、その業務上知り得た委託児童又はその家族の秘密を漏らしてはならない」(第11条)と定められているほか、「里親及びファミリーホーム養育指針」(2012年、厚生労働省)においても、子どもの権利擁護の一環として、

- 子どもが委託に至る背景や家族の状況など、養育者として知り得た子どもや家族の情報のうち、子どもを守るために開示できない情報については、境界線を決めて確認し、守秘義務を守り、知り得た情報を外部には非公開で保持する。
- 近隣に話をしにくかったり、里親として子どもを養育していることを周囲にどう言えばよいか　わからなかったりする里親も多い。「特別な子ども」として認識されることが目的ではないので、ごくあたりまえの家庭生活を送り、養育していることの理解を得る。

旨が守秘義務として示されています。

第6章 2 守秘義務② 守秘義務が問題となる具体的場面

Q 先日、親同士でいつも仲良くしている近所の方と話をしているときに、子どもの話題になったので、受託している里子のことを話しました。何か問題になるでしょうか。子育てについてアドバイスをもらうため自分の親に話をする場合はどうでしょうか。

A 里子であることや、子どもの日頃の行動など、周囲にも既に明らかになっている事実を話すことは問題ありませんが、それ以外の受託した子どもやその家族の秘密については、近所の方はもちろん、身内であっても話すことは許されません。

　里親は、正当な理由なく、受託時や養育中に知った子どもやその家族の秘密を漏らしてはいけません(「里親が行う養育に関する最低基準」第11条)。いわゆる守秘義務です。

　児童相談所から得る子どもやその家族に関する秘密が外部に流れると、プライバシーの侵害にあたるだけでなく、子どもが傷つき、養育に著しい支障を来すことも予想されます。情報は一旦外部に流れてしまうと、その広がりを止めることは極めて困難です。養育に悩んで秘密を話したとしても、「正当な理由」にはあたりません。子どもの養育に悩んだときは、里親サロンを利用するか、児童相談所の担当者に相談しましょう。里親の集いや、守秘義務を課せられている者同士の会議では具体的な事情を話すことが可能です。

　また、子どもの特性について学校や幼稚園、保育園に配慮を求めたい場合も、学校や幼稚園、保育園の先生は守秘義務を課されていますので、必要な範囲にとどまっている限り、里親が守秘義務に違反したことにはなりません。

第6章 3 SNS・ブログ

Q 私はFacebookで日記を公開しており、日常生活の紹介の中で、自分が里親であることや里子の生活の様子なども書いています。個人情報やプライバシーの関係で注意すべきことはありますか。

A SNSやブログは、不特定多数の人が見ることを前提としたものです。里子の個人情報やプライバシーを公表してはいけません。

　里親としての日常を記録することにより、里親の気持ちが整理でき、里親養育の貴重な記録にすることができます。しかし、これらの記録を、SNSやブログに掲載してよいかどうかは別問題です。SNSやブログは、不特定多数の人が見る可能性があるものです。実親や子どもが見た場合には、これらの者との信頼関係に悪影響を及ぼすなどのリスクもあります。子どものプライバシー権及び守秘義務の観点から、基本的には、掲載を避けることをお勧めします。

　当然のことながら、里子の名前や住所、学校名など、個人が特定されるもの（個人情報）を掲載することは、守秘義務違反やプライバシー権侵害にあたります。また、個人情報を明記しない場合でも、記載内容自体から「あの里親さんのところの里子のことだな」ということが推測できる場合や、子どもにとって一般に知られたくないと考えられる私生活上の事実が掲載された場合は、守秘義務違反、プライバシー侵害となり得ます。同じ観点から、マスキングの有無にかかわらず、写真の掲載も避けるべきでしょう。

　なお、児童福祉法第28条の承認により委託されている場合など、子どもの生活場所を実親に隠している場合もありますので、そうした場合には特に留意が必要です。

第6章 4 講演・出版

Q 里親経験について、講演を頼まれました。守秘義務の関係で留意すべきことがありますか。また、里親経験の本の出版についてはどうでしょうか。

A 子どもやその家族が特定されるような情報（個人情報）を話すことは許されません。通常他人に知られたくない事情（プライバシー情報）も同じです。出版については、形として残るので特に注意が必要です。

　里親は、正当な理由なく、受託時や養育中に知った子どもやその家族の秘密を漏らしてはいけません（「里親が行う養育に関する最低基準」第11条）いわゆる守秘義務です。

　そこで、子どもの名はもちろん、話の内容から子どもが特定されるような情報、例えば、特異な家族構成・成育歴、受託する際の経緯などの個人情報や、通常他人には知られたくない病気のことや内面のことなどのプライバシー情報を講演（出版）することは許されません。

　したがって、かなり抽象化された内容で、里親の子どもとの関わりに焦点をあてて講演（出版）することになります。

　なお、子どもが成人するなどして、自分について話すことを承諾した場合は、承諾を得た限りの内容で講演（出版）することは可能です。特に出版の場合、形となって残りますので、内容には細心の注意が必要です。

第6章 5 里親の個人情報の保護

> Q 里親の現住所が実親に知られない方法はありませんか。

> A 里親の希望だけで実親に知らせないという方法はありません。子どもの最善の利益に照らして、実親に知らせない場合はあります。

　親権者には、子に対する監護権がありますので、その前提として子の居場所を知っておく権限もあると解されます。里親委託された場合にも、親権者である実親には、基本的に、子の居場所を把握しておく権限が残されています。

　したがって、親権者である実親に対して、子どもの養育場所を知らせる必要性があることから、原則として里親の現住所を知らせることになります。ただし、子どもの最善利益に照らして、実親に現在の居所を知らせるべきでない場合は、里親の住所を知らせないこととなります。

　もし、実親に現住所が知られることに不安がある場合には、児童相談所や子ども家庭支援センターなどに相談し、一緒に解決策を考えていくという方法もご検討ください。

第6章 6 子どもに関する情報の収集

> Q 受託した子どもに関して、成育歴など必要な情報がわからないことが多くて困っています。里親が独自に、関係機関に尋ねるなどして、子どもの情報を収集することはできますか。

> A 法律上は、子どもや親権者の同意なく収集することはできません。時間はかかるかもしれませんが、児童相談所を通じての情報収集をご検討ください。

子どもの成育歴等の詳細について、児童相談所から有益な情報を得ることができない場合もあると思われます。これは現場の里親にとっては、とても悩ましいことと思います。

ただ、子どもの生育歴や特性などの情報は、子ども自身のプライバシー情報にあたりますので、里親にはこれを自由に収集する権利は認められていません。

したがって、里親が、子どもや親権者の同意を得ずに、独自に関係機関（里親委託前の通園先、通学先や、通院先など）から子どもの情報を収集することは、子どものプライバシー権侵害となりますのでおやめください。

時間がかかるとは思いますが、児童相談所を通じて、必要な情報を収集できるよう、手立てを考えていくしかないでしょう。

第6章　7　情報の管理①　里子の情報の管理方法

Q　受託した里子に関して得た情報や養育中の記録について、どのように管理すべきでしょうか。

A　里子の養育状況に関しては記録を整備し、児童相談所などから得た情報を不用意に子どもに見られないよう、きちんとした保管場所を確保してください。

里子に関する情報は里子の特性を理解した上で養育するために重要なものですし、養育中の記録を作成することも自立支援計画に基づいて養育するためにはとても大切なことです。「里親が行う養育に関する最低基準」（2002年、厚生労働省）には「里親は、委託児童の養育の状況に関する記録を整備しておかなければならない」と規定しています。また、「里親及びファミリーホーム養育指針」（2012年、厚生労働省）においては、養育状況の記録について、

- 受託した子どもの養育状況を適切な文言で記録を書くことや報告することを通して、子どもや子どもに関係する状況に対する理解を深め、また、養育者自身が養育を客観的に振り返ることができる。
- また、記録は子どもが家庭引き取りになる場合は、実親にとって子どもを理

解する手段となり、養子縁組をする場合は、成長の記録の一部となる。
- 子どもの課題や問題点などだけでなく、できていること、良いところ、成長したところなど、ポジティブな側面も記録することは、子どものより正確な理解を促すことにもなる。
- 子どもが行動上の問題を起こす場合もあるため、問題が生じた背景や状況を記録し、児童相談所から適切な支援を受ける。
- 子どもの変化や状況を児童相談所に伝え、児童相談所と一緒に定期的に自立支援計画を見直す。

とその意義を強調しています。

一方で、「里親は、正当な理由なく、その業務上知り得た委託児童又はその家族の秘密を漏らしてはならない」（「里親が行う養育に関する最低基準」第11条）と定め、守秘義務を課しています。

したがって、むやみに情報が外部に流出しないよう保管場所を決めて、第三者が勝手に持ち出せないように、できれば鍵のかかる場所に保管してください。

さらに、子どもにも知らされていない情報もありますので、子どもの目の届かないように保管しなければなりません。

第6章 8 情報の管理②
捜査機関から里子の情報提供を求められたら

> **Q** 警察官が家に来て、里子が捜査対象になっていると伝えられました。内容は教えてもらえませんが、里子の情報提供を求められています。どのように対応したらいいのでしょうか。
>
> **A** 法律上、警察官に情報提供をする義務はありません。情報提供してよいかどうか迷った場合は、弁護士に相談してください。

質問の場面は、いわゆる参考人として事情聴取を求められている場合にあたることが多いと考えられます（刑事訴訟法第223条第1項）。

この事情聴取は、「任意」ですから、里親には応じる義務はありません。また、

仮に里親が警察署に出頭して話をしたとしても、警察官が作る供述調書（里親の話をまとめた書面）に署名押印する義務もありませんし、供述調書の内容を訂正するよう求める権利や帰りたくなったら部屋を出る権利もあります。　もっとも、諸事情を考えて捜査に協力した方がいい場合もあります。

　なお、里親が、警察官からの求めに応じて里子の情報を提供することは、里子のプライバシー侵害とまではいえないことが多いと思われますが（個人情報保護法第23条第1項第1号参照）、その後の里子との関係性に悪影響を及ぼすこともあり得ます。子どもが犯罪を起こしたことを知って子どもを隠したり逃がしたりした場合、里親が犯人隠避罪に問われることもあります。

　警察に情報提供してよいかどうか迷った場合は、児童相談所に相談するとともに、弁護士への法律相談をご活用ください。

コラム

メディア社会と子ども

　子どもたちにとってテレビやゲーム、スマホなどのメディア機器と接することなく今の生活を送ることは不可能かもしれません。しかし、だからといってメディア漬け（依存）になっていいわけではありません。学校でも、子どもたちのゲーム漬けの状態に対してさまざまな危機感が叫ばれています。

　ついに、WHO（世界保健機関）も2019年5月25日、ゲームのために食事・睡眠・入浴などの日常生活がないがしろにされ、社会にもその個人にも不利益が生じているにもかかわらず改善しようとしない状態に対して「ゲーム障害」の診断名を認定しました。

　メディア依存の背景にあるものはメディアそのものではなく、子どもたちの「（家族や学校集団での）孤独感」、「自己表現の苦手さ」、「コミュニケーションの欠落」であることを、私たち「NPO子どもとメディア」はこれまでの調査研究で明らかにしてきました。

　アルコールや薬物、ギャンブルや買い物依存も同様なのですが、目の前にそれがあるからといって、皆がそれに依存するわけではないのです。しかし、依存に関する実験研究などは、「孤立」させた動物が「依存物質」を繰り返し取り入れようとすることを証明しています。

　子どもたちは、スマホで写真や動画を投稿することに魅力を感じています。それは、投稿すればすぐに見てくれる人がいて、「いいね！」と認めてくれる人がいるからです。その裏には、日常の中では自分を見てくれる人や認めてくれる人がいないという現実があるともいえるでしょう。小学生でも、動画サイトへの投稿が簡単にできる時代です。しかし、その写真や動画に映っている背景や服装から個人情報が特定されて、危険な状況に陥った事案も、あちこちで起こっています。子どもたちは、可愛い自分の写真をネットに載せれば、背景から自分が同定されて危険な目に遭うことなどに考えが及ばないのです。そして、今や小中学校の管理職は、ネットトラブル対応に多くの時間が奪われている現状です。

　思春期以降では不登校や引きこもりの子どもの多くが、メディア漬け状態で過ごしています。そして、その数倍の予備軍が学校現場にいるのです。不登校などの原因がメディアではないにせよ、メディア漬けの状態がその子を回復から遠ざけていることは事実でしょう。

インターネットは大人のツールです。子どもの判断力や理解力で太刀打ちできるものではありません。そして、大人たちは、使える技術と自分の安全を守る判断力はイコールではないということをもっと知って、ネット社会と子どもの関係に配慮しなければならないでしょう。

　　　　　［山田眞理子（NPO法人子どもとメディア代表理事、九州大谷短期大学名誉教授）］

第7章 実親

第7章 1 自分のルーツを知る権利

Q 子どもに実の親が別にいることを告げなければならないのでしょうか。

A 告げなければなりません。

　里親制度は、「何らかの事情により家庭での養育が困難又は受けられなくなった子ども等に、温かい愛情と正しい理解を持った家庭環境の下での養育を提供する制度」です（里親委託ガイドライン）。このような子どもたちについては、養子縁組里親を含む里親委託を原則として検討する里親委託優先の原則が採用されています。里親委託を検討される子どもは、

①棄児、保護者が死亡し又は養育を望めず、他に養育できる親族等がいない子ども

②将来は、家庭引き取りが見込めるが、当面保護者による養育が望めない子ども

です（里親委託ガイドライン）。

　①は従来の里親観の対象となる子どもですが、現在特に必要とされているのは、虐待や育児放棄などにより実親による養育が難しい②の子どもを育てる里親でしょう。このような子どもについては「実親と協働して子育てをする」あるいは「子どもの養育を通じ実親の成長を支えながら、子どもを実親に帰す時期を探る」ことが当初から予定されているともいえましょう。実親との関係が比較的希薄

な①の子どもについても、時期を見て真実告知（子どもに里親とは別に実の親がいると告げること）をしなければなりません。子どもにとって、自分が、誰からどのようにして生まれたのか、自分は何者なのかということを知ることは、アイデンティティの基盤になり、生きていくための基礎となるからです。そこで、子どもの権利条約では、「（前略）できる限りその父母を知りかつその父母によって養育される権利を有する」（第7条第1項）と明記しているのです。

　里親には、里子を実の子どもと同様に愛情を持って育てることが求められます。実際に、里親はそうした思いで里子を育て、里子も里親を実の親のように慕いながら家庭的な愛情を感じて育つところに、里親制度の重要な意義があります。しかしながら、自分が実際に誰から生まれ、どのように育ったのかを知りたいというのは人が自然に抱く感情です。

　もちろん、子どもが里親を実の親と信じている場合に真実を伝えることは、子どもにとっても非常に心を揺り動かされる出来事ですから、伝える時期や方法については十分な配慮が必要です。

　その時期や方法については、多くの里親が悩みながら実践をしていますので、ほかの里親の経験が特に参考になります。児童相談所とも相談しながら進めるといいでしょう。

　具体例については、本章2「真実告知」も参考にしてください。

第7章 2 真実告知

Q 実親は離婚し、親権を持つ母は受刑中です。真実告知の方法や時期、特に実親のネガティブな情報をどのように伝えたらいいのか教えてください。

A 子どもの知る権利と親権者の意向を尊重しながら、里子が実親の否定的な一面を知ることに耐えられるのか、実親の現実に触れさせることが成長につながるのか、などについて里親として主体的に考えてみましょう。

　一般的に、真実告知（里親又は養親が、育ての親であり産みの親ではないと子

どもに知らせること）は、子どもの言語能力がある程度備わる時期、身近な人の言うことを素直に理解できるようになる頃までのなるべく早い時期に行った方がよいといわれています。しかし、委託された子どもの年齢や能力に差があり、実親の状態もそれぞれ異なる状況では、機械的に時期を決めることは適切ではありませんし、真実告知は、一度だけではなく、反応を見ながら、子どもの成長に応じて何回か繰り返すべきことだとも考えられます。一方で、幼稚園入園や就学時期になると、子どもは姓名で呼ばれる機会が多くなりますから、養親ではなく里親にとっては、その時期までには告知しておくという要請があるかもしれません。また、養親にとっても、子どもが思春期など動揺しやすい時期を迎える前に告知しておくのも大事なことです。

　いずれにしても、真実告知においては、子どもの出自について知らせることになります。実親が育てることができなかった事情や、自分が預かることになった経緯についても話さなければなりません。これは子どもにとってつらい場面であるばかりでなく、里親にとっても心理的な負荷がかかる場面ですが、その後の子どもの自己肯定的な成長、アイデンティティの確立に重要な影響を及ぼす事柄です。ですから、可能なかぎり実親の否定的な面、子どもに対する愛情の存在を疑わせるような内容を含まずに伝えるとともに、子どもの現在が揺るぎのない愛情で支えられていることを伝えることが望まれます。

　しかし、子どもの、親について知りたいとの欲求は、過去の経緯だけにとどまりません。父母は健在なのか、どこに住んでいるのか、何をしている人なのか、なぜ会いにこないのか。このような疑問が次々に湧いてきて、質問攻めに遭うかもしれません。そして、このような質問の一部は実親との交流が保たれている子どもについても共通することなのです。知っていて話せることもあれば、改めて児童相談所に照会しないとわからないこともあるかもしれませんし、内容によっては、知っていても話しづらいこともあります。

　このような情報をどのように取り扱うかについては、児童相談所と協議することになりますが、児童相談所の対応も一様ではないかもしれません。「もう少し成長するまで伏せておきましょう」、「親の意向を児童相談所から確認してみましょう」あるいは「親がいる施設に里親さんと一緒に面接に出向いて話し合いましょう」などと対応が異なることも予想されます。

　大切なことは、対応を児童相談所任せにせず、子どもの知る権利と親権者の意

向を尊重しながら、日常的に接している子どもが、実親の否定的な一面を知ることに耐えられるのか、そのリスクを超えて実親の現実に触れさせることが成長につながるのか、などを里親として主体的に考えてみることです。そのような養育態度が子どもとの間の信頼関係を深め、子どもが苦境を乗り越える力ともなるはずです。

第7章 3 実親との交流と子どもの意見

Q 里子が実親に会いたいと言ってきました。児童相談所から聞いた親の状況から、私は会わせない方がよいと思います。このように、子どもの意見と私の意見が合わないときはどうすればよいでしょうか。

A 里親だけで判断せずに、児童相談所の担当ケースワーカーに相談し、子どもの意見も尊重しながら話し合ってください。

　子どもには、「定期的に父母のいずれとも人的な関係及び直接の接触を維持する権利」(子どもの権利条約第9条第3項)があります。したがって、父母との交流はできる限り実現されなければなりません。
　ただし、親からの虐待のおそれがあるなど、親との交流が子どもの福祉にとって好ましくないと思われることもあります。また、面会の方法や回数によっては、里親宅での子どもの生活の安定が図れないこともあり、子どもと親との面会を制限する必要が生じる場合もあります。このように実親との交流について迷ったときは、児童相談所のケースワーカーに相談して話し合ってください。
　ところで、この事例では、子どもが親との交流を望んでいます。こうした子どもの意思は、十分に尊重しなければなりません。子どもの権利条約も「児童に影響を及ぼすすべての事項について自由に自己の意見を表明する権利」(意見表明権)を保障しています。この意見表明権は第1章4で説明したとおり、子どもが権利の主体であることを担保する重要な権利です。したがって、実親との交流に限らず、子どもに関係するあらゆる物事を話し合い、決定していく際には、子どもの意見を十分に聴き、できる限り尊重する姿勢が大切です。

第7章 4 親権者の面会・引き取り要求

Q 子どもの親権者が突然来て、子どもとの面会や子どもの引き取りを要求してきました。子どもは会いたくないと言っています。里親としてはどうすればよいでしょうか。

A その場での面会、引き取りは断ってください。児童相談所の担当者に連絡するように伝え、それでも強引に立ち入ろうとする場合は警察に通報しましょう。

　子どもを委託しているのは児童相談所であり、里親の判断では引き取りの可否を決定できません。また、親の強引な引き取り要求に従うことが、子どもの福祉を害する結果となる場合も考えられます。したがって、親権者の引き取り要求は拒否し、児童相談所の担当者に連絡をとるよう伝えましょう。

　面会については、児童相談所が面会を認めている場合、面会させることができます。しかし、事例では子どもが嫌がっていますので、子どもの福祉を第一に考え、面会させるべきではありません。

　親権者であることを盾に面会、引き取りを要求し、強引に立ち入ろうとしたとしても、子どもが措置中である以上、親権者であっても勝手に連れ出すことはできません。

　したがって、正当な理由のない立ち入りは住居侵入罪、暴力を振るえば暴行罪、また強引に引き取ろうとすれば未成年者略取罪（未遂）になり得ますので、ただちに警察に通報します。また、親権者からこのような要求があった場合には、児童相談所に必ず連絡をして、その後の対応について話し合ってください。

第7章 | 5 | 実親との意見の相違

> **Q** 小学5年生の里子が実親と面会した際に、携帯型のテレビゲーム機を渡されました。子どもが何時間もゲームをして、宿題をせず、食事もゆっくりとらないようになりました。子どもに「時間を決めてしようね」と言うと、「お母さんがいつでもやっていいと言った」と言います。実母に連絡をしたのですが、実母は「子どもの寂しい気持ちを紛らせるためですから、時間の制限はしないでください」と言って理解してくれません。どうしたらよいでしょうか。

> **A** 実親にも親権に基づく監護権がありますので、子どもの養育に意見を言うことができますが、その要求が不当な場合は受け入れる必要はありません。

　里親には、子どもに対して監護の措置をする権限があります。里子がゲームをする時間を決めることなど、日常生活に関することについては、里親が子どもの意向に配慮しながら決めることができます。

　このように、里親の権限と実親の権限とがぶつかる場合について、児童福祉法は、実親は、里親が行う監護に関する措置を「不当に妨げてはならない」と規定しています（第47条第4項）。この「不当に妨げる」というのがどのような場合を指すのかが、厚生労働省の「児童相談所長又は施設長等による監護措置と親権者等との関係に関するガイドライン」（2012年3月9日）では以下のように示されています。

　実親の行動が「客観的に見て明らかに児童に不利益を与えるおそれがある」場合としています。具体的には、里子や里親に対する暴行・脅迫など、要求方法自体が不当な場合、親権者の意向に沿うと子どもに生活面、発達面、経済面、教育面、医療面などで不利益を与えると考えられる場合などが挙げられています。

　この事例では、母親の意向にしたがって子どもを監護することは、子どもの生活に支障をきたすとともに、成長・発達の利益を害するものです。したがって、「いつでもゲームをさせるように」という母親の申し出は、里親の監護を不当に妨げるものとして、受け入れる必要はありません。

なお、実親との関係は子どもの将来にとっても重要なことであり、実親からこのような不当な申し出があった場合には、必ず児童相談所の担当者に伝えて、児童相談所から母親に対して指導・説明をしてもらうことが必要です。

コラム

チームで乗り切る子育て（真実告知）

　翔太君（仮名）は10歳。前思春期に入ろうとしている年頃です。
　翔太君は1歳3か月でわが家の三男坊になり、4歳の時に真実告知をしました。その日は翔太君が家族になったお祝いの日。大きなケーキに翔太君の大好きなピザや唐揚げ、美味しいものをテーブルいっぱいに並べたところで主人が告知をしました。
　「翔太君はママのお腹から生まれてはいない。別に産んでくれたお母さんがいるんだよ。ママは翔太君を産んではいないけど、翔太君はパパとママの子どもで大切な宝物」
　それを聞いた翔太君はご馳走を並べたテーブルから飛び出して隣の部屋に行ってしまいました。そしてしばらくした後、何事もなかったようにご馳走を食べ、楽しく過ごしました。
　あくる日の夕方、翔太君は主人に「パパは僕の本当のパパではないんだよね」と言いました。それと同時に「ママ～僕を産んで～」と私の服の中に入り私から生まれるシーンを毎日毎日、1日に何度も繰り返しました。それは半年くらい続きましたが、いつの間にかなくなりました。熊本の赤ちゃんポストのドラマがテレビで放映されると、それを真剣に観て、「僕を産んでくれたお母さんも同じで、どうしても育てることができなかったから、育ててくださいと頼んだんだね」と言い、そのドラマを繰り返し何度も何度も観ておりました。
　それから月日が流れ、翔太君10歳。わが家はファミリーホームになり、たくさんの子どもを受け入れました。荒れる中学生のA君に、「会うことができるお母さんがいるだけいいやん、幸せだよ。僕はお母さんの顔を見たこともないんだよ」と言ったり、まだ幼いB君には、「ママ、B君の甘えん坊は赤ちゃん返りでやり直しをしてるんだよ。しばらく赤ちゃんに戻ってやり直しをしたら安心して普通に暮らせるようになるから」などとびっくりするようなことを言ったりします。一緒に住む子どもたちが親御さんと再統合や交流をする中、交流のないのは翔太君だけ。次第に「僕は捨て子。僕は産んだお母さんに捨てられたんだ」、「自分は障害者だから捨てられたんだ」と言うようになり、ブルーになる日が続きました。出自について、翔太君への説明は幼児の頃のように簡単にはいかないと感じました。大きくなるにつれ色んなことがわかり、また自分の障害のことや、里親制度、親権、赤ちゃん返

りなど、わからないことはインターネットで調べている翔太君です。

　翔太君の悲しみを軽くしようと、私たちは生母から病院でバトンタッチを受けた乳児院の院長先生に話を聞くために連絡を入れました。翔太君が出自について悩んでいること、幼児の頃とは違い僕は捨てられた子だと言い張っていること、お母さんに会いたい、会えないなら写真だけでも見てみたいと思っていること、ブルーな日々が続き、学校へ行きたがらない日があることなどを相談したところ、院長先生は、「相談してもらってありがたいです。こうしたつながりが途絶えてしまうと大切な時に私たちは手助けすることができないのです。ぜひみんなでチームを組んで力を合わせ、これを乗り越えましょう」と言ってくださいました。とても心強かったです。

　それから児童相談所の里親係とケースワーカー、乳児院の院長先生と保育士、心理士の先生方が集まり、話し合いを始めました。真実告知は嘘をついてはいけないし、嘘は通じない。本当のことのみでどう伝えていけばいいのか。

　まず今すぐできることがある。それは、翔太君は愛され大切にされていたことを乳児院に里帰りして感じてもらうこと。そして、それはすぐ実現しました。一人ひとりの先生から赤ちゃんの頃の翔太君の様子を撮った写真を見たりしながら話してもらったり、この哺乳瓶でミルクを飲んで、この乗り物が好きだったなど思い出話をたくさんしていただき、とても大事にされていたことがわかる充実した時間を過ごすことができました。また里帰りしたいと言っています。

　次に翔太君の名前をつけたおじいさんに由来を聞くことができるか。これは児童相談所への宿題です。

　もう一つ私たちが確認し合ったことは、翔太君は捨てられたのではなく、翔太君のお母さんは翔太君を産むことを選び、十月十日（とつきとおか）大切にお腹の中で翔太君を育てたことでした。嘘偽りのない真実です。

　里子は年を追うごとに成長に合わせて違った告知が必要となり、その度に里親は悩みます。そんな中、一人で悩まないことが大切です。私は日々の生活の中の些細な子どものことでも里親係に話します。共有することで一緒に喜んでもらい、悲しんでもらい、悩んでもらい、一緒に子育てをします。一人で悩むことがありません。「チームでの子育て」は里親にとって、とても大切なことだと思います。これからも課題はまだまだたくさんありますが、チームで乗り切って頑張って子育てしていきたいと気持ちを新たにしています。

［養育里親］

第8章 児童虐待・不適切養育

第8章 1 里子に対する虐待

Q 知り合いの里親に委託されている子どもが里親の実子から暴力を振るわれているようですが、子どもを助けるために法律ではどのように定められているのですか。また、「被措置児童等虐待対応ガイドライン」について教えてください。

A 委託された子どもに対する里親の虐待行為については、児童福祉法において禁止され、虐待があった場合の対応などが規定されています。「被措置児童等虐待対応ガイドライン」は、厚生労働省が被措置児童等虐待防止に向けた基本的な視点や具体的な対応方法について定めたものです。

　施設職員、里親やその同居人、一時保護所の職員等（施設職員等）による、施設に入所したり、里親に委託されたり、一時保護されたりしている子ども（被措置児童等）に対する虐待行為は児童福祉法上明確に禁止されています。当該虐待行為の内容は、一般家庭における「児童虐待」と同様に、身体的虐待、性的虐待、放任虐待、心理的虐待の４つに分けて規定されています（児童福祉法第33条の10各号。虐待種別の詳細については本章２参照）。また、虐待行為のみならず、被措置児童等の心身に有害な影響を及ぼす行為も禁止されています（同第33条の11）。

　質問の事例では、里親の同居人である実子が、里親委託されている子どもに対して暴力を振るっているということですから、被措置児童等虐待（身体的虐待）に該当することになります。また、里親自身が、実子が暴力を振るっている事実

を知りながら、これを放置しているような場合は被措置児童等虐待（放任虐待）に該当することになります。

「被措置児童等虐待対応ガイドライン」（https://www.mhlw.go.jp/bunya/kodomo/pdf/tuuchi-45.pdf）は、厚生労働省が策定したもので、被措置児童等虐待を予防する取り組みとして子ども権利ノートの配布や研修を通じた施設職員等の意識向上を掲げ、また、子どもの意見を表明できる仕組みや施設の運営体制の整備などが掲げられています。

そして、虐待予防の取り組みにもかかわらず、被措置児童等虐待が起きてしまったときは、被措置児童等の安全確保を優先した措置を迅速に講ずることとされています。具体的には、被措置児童等虐待の状況を把握するなどの措置を講ずることとされている当該都道府県の行政機関が、通告等を受理した後、児童相談所と協力しながら、当該子どもの安全確認を速やかに行い、事実を的確に把握することとされています。

実際に通告等がなされたときは、事実を把握するための調査として、当該子どもや施設職員等からの聞き取りがなされることになります。

第8章 2 虐待通告

Q 里親仲間が、委託を受けた子どもが指示通りにしなかった罰として子どものお尻を叩くなど虐待と思われる養育をしています。どうしたらよいでしょうか。

A 被措置児童等虐待又は児童虐待として、市町村（政令市は区役所）や児童相談所等に通告してください。

被措置児童等虐待（本章1参照）の種別と定義は、次のとおりです（児童福祉法第33条の10）。

身体的虐待：身体に外傷が生じ、又は生じるおそれのある暴行を加えること
性的虐待：わいせつな行為をすること又はわいせつな行為をさせること
放任虐待：心身の正常な発達を妨げるような著しい減食又は長時間の放置、同

　　　　居人若しくは生活を共にする他の児童による身体的虐待、性的虐待
　　　　又は心理的虐待の放置その他の施設職員等としての養育又は業務を
　　　　著しく怠ること
　　心理的虐待：著しい暴言又は著しく拒絶的な対応その他の著しい心理的外傷を
　　　　与える言動を行うこと
　なお、これらの行為を、施設職員等が子どものことを慮（おもんぱか）ってなしたとしても、前記定義にあてはまる以上、子どもの安全が害されているといえるため被措置児童等虐待に該当します。

　被措置児童等虐待を受けたと思われる子どもを発見した者は、速やかに、都道府県の福祉事務所、児童相談所、被措置児童等虐待の状況の把握等の措置を講ずべき都道府県の行政機関（通常、当該自治体の本庁の子ども関係担当部署）、都道府県の児童福祉審議会又は市町村に通告しなければなりません（児童福祉法第33条の12第1項）。「受けたと思われる」との文言は、通告者が、客観的に虐待があったことを確信することまでは必要なく、主観的に虐待があったと考えれば通告すべき義務が生じるということを意味しています。

　なお、被措置児童等虐待を受けた子どもは児童相談所、前記行政機関又は児童福祉審議会に届けることができます（児童福祉法第33条の12第3項）。

　通告をしたことで守秘義務違反に問われることはありません（児童福祉法第33条の12第4項）。また、施設職員等が通告をしたことで解雇等の不利益な取り扱いを受けないことが明文化されています（児童福祉法第33条の12第5項）。

　質問の事例では、里親が、罰としてとはいえ、子どものお尻を叩いているということなので身体的虐待に該当するため、通告をしなければなりません。

　なお、里親は保護者にもあたりますので、児童虐待として通告（児童虐待の防止等に関する法律第6条第1項）をしてもよいことになります（児童福祉法第33条の12第2項）。

第8章 3 不適切養育① 虫歯治療

Q 里親として、就学前の子どもを委託されています。その子どもはひどい虫歯で一度歯科医に連れていったのですが、よほど痛かったらしく、二度と行こうとしません。放置したらネグレクトになるのでしょうか。

A 子どもが歯科治療を受けなければならない状態にある以上、何らの手立てを取らずに歯科治療を受けさせなければ、ネグレクトに当たります。ぜひ、治療を受けさせてください。

　歯科治療を受けさせなければ、里親としての養育を著しく怠ったとして（被措置児童等虐待における放任虐待〔いわゆるネグレクト〕、児童福祉法第33条の10第3号）にあたるかという質問ですが、事例の子どもはひどい虫歯だということですので、歯科治療を受けなければ口腔内の衛生が保たれず、口腔内の細菌による全身の感染の原因になったり、永久歯にも悪影響を及ぼしたりします。そのような状態は、子どもの利益を害することになりますので、子どもの監護に責任を有する里親は、どうにかして、子どもに歯科治療を受けさせる責任があります。

　事例のように、社会的養護の子どもの中には、乳幼児期のネグレクトのために、家庭で行う口腔内のケアをしてもらえず、虫歯の治療も受けられなかった子どもが見受けられます。痛みがあっても治療を受けていないために、つらい日を送っていたり、十分噛むことができないままに過ごしたりしていたことも考えられます。歯科受診を強く拒否する子どもを受診させるには、このような子どもの背景を理解し、治療に結びつけることが必要です。

　まず、子どもに、歯のことで心配していることを伝え、どうして治療が怖いのか、いやなのかをよく聞いてみましょう。その理由を取り除くことができれば、受診にたどりつくことができるかもしれません。「お口の中は、きれいにしておかないと、ばい菌がいっぱいになって病気のもとになるよ。大人の歯がちゃんと生えないと大きくなって、硬いものなど何でも食べることができなくなるよ」などと治療の必要性を説明してください。また、治療に当たる歯科医を選ぶこともとても大切です。小児歯科専門の病院には、ネグレクトの子どもの特徴や歯科の

治療対応について経験を持つ医師がいます。また、子どもが安心できる和やかな雰囲気や子ども用の治療器具や環境も整っていますし、スタッフも子どもへの専門性が高く、怖がらずに治療できるような対応が期待できます。抜歯や麻酔が必要な場合は、実親の了承が必要ですので、児童相談所に相談してください。また、いろいろ手を尽くしても子どもが歯科治療を強く拒否する場合、児童相談所に対応方法を相談しましょう。

第8章 4 不適切養育② 学習指導

Q 子どもを地域で一番の進学校に入学させたいと思い、毎日学校の宿題とは別に家庭で3時間以上勉強するように指導しています。子どもの意見は特に聴いていませんが、子どもの将来のためだからと話してやらせています。子どもは嫌そうな顔はしますが、不満を言うことはありません。問題があるでしょうか。

A 子どもの意見をよく聴き、学習の方法についてどうすべきか子どもと話し合い、進めるべきです。

　里親には、子どもに対して、監護、教育などの責任があります。したがって、子どもに対して適切な学習をさせることは里親としての責務ともいえます（「里親が行う養育に関する最低基準」第7条）。

　他方で、子どもには意見表明権があり、子どもの意見は可能な限り尊重しなければなりません（子どもの権利条約第12条）。また、子どもの意思を無視して里親の判断で勉強を押し付けても、通常は学習効果が期待できないのではないでしょうか。したがって、里親がいかに適切な学習だと考えても、これを子どもの意思を無視して進めることは不適切です。

　学習について子どもの意見をよく聴いた上で、里親の考えも伝え、双方でよく話し合って進めるべきです。なお、子どもの意思を無視して強制的に学習を押し付けるような場合は、心理的虐待（児童福祉法第33条の10第4号、第33条の11）にあたりかねませんので注意しましょう。

第8章 5 不適切養育③ 心理的虐待

Q 何度注意しても子どもが門限も過ぎた夜遅くにしか帰ってこないので、子どものことを心配して「きちんと帰ってこないと、もうここにはいられなくなるよ」と注意しました。問題となりますか。

A 質問の言葉のように、子どもの心身に悪影響を及ぼすような言葉は許されません。

　委託された子どもに対する著しい暴言又は著しく拒絶的な対応その他著しい心理的外傷を与える言動を行うこと（心理的虐待）は禁止されています（児童福祉法第33条の10第4号）。「死ね」「ばか」などと言ったり、無視したりするようなことはこの心理的虐待にあたるので、厳に慎まなければなりません。また、子どもの心身に有害な影響を及ぼす行為も禁止されています（児童福祉法第33条の11、「里親が行う養育に関する最低基準」第6条）。したがって、極端な暴言だけでなく、子どもの心身に悪影響を及ぼすような言葉も慎まなければなりません。

　質問の言葉は、里親としては措置解除の可能性などを考えた、子どものためを思っての発言かもしれませんが、「いられなくなる」という言葉は、家庭で暮らせない子どもにとっては深く心を傷つけられ、大きな不安を抱くことになりかねないものです。よって、子どもの立場に立って考えると、このような言葉も許されません。

　また、直接に子どもに対するものでなくても、例えば、子どもにとって大切な存在である実親への批判も子どもを傷つけることになりますので、慎まなければなりません。子どもの行動でお悩みのときは児童相談所などに、どのように対応すればよいか相談しましょう。

第8章 | 6 | 虐待家庭への支援

Q 虐待をした親や虐待が起きるおそれのある家庭に対してどのような支援が行われるのですか。

A 親に「親子再統合プログラム」を受けてもらったり、養育支援訪問事業の実施など家庭の状況に応じた福祉サービスを導入したりすることで、子育ての悩みや不安が減少するように支援します。

　子どもに対して虐待をしてしまう親の中には、子どもの養育に悩んだり、不安を持っていたりする人も少なからずいます。例えば、子どもがADHD（注意欠如多動症）であるなど、その発達に課題を抱えていて、親が何度注意しても、家の鍵をかけないまま遊びに行ったり、友人の家のものを勝手に持ってきたりするなどの行動が収まらないときに、親がイライラして子どもを叩いてしまうこともあります。

　もちろん、叩くことが身体的虐待であり、いかに子どもの行動に悩んでいたとしても正当化されるものではないことはいうまでもありません。しかし、親は、子どもの行動に悩んでいるのに、叩いたらいけないと言われると、どのように子どもに関わってよいかわからず、さらに悩みを深めてしまい、虐待をエスカレートさせてしまうこともあります。このような状態は、子どもにとっても、親にとっても不幸なことです。

　そこで、虐待をした親に、子どもへの関わり方について開発されたプログラム（CSP、MYTREEペアレンツ・プログラム、Nobody's perfectなど）を受けてもらうことで、子どもを叩かなくても適切に養育することができるように支援します。これらのプログラムは、各児童相談所で採用され、所内で実施されることもありますが、各プログラムを運営しているNPO法人などに委託されて実施されることもあります。

　虐待のリスクとして、一人親家庭、経済困窮、親の精神不安定が挙げられることがあります。そこで、虐待をした親が再び虐待に至らないように、また虐待のリスクのある家庭の虐待予防として、養育支援訪問事業などの福祉サービスを導

入したり、児童家庭支援センターに相談を受けるようにつないだりします。また、親のさまざまな事情によって居宅において適切な養育が困難な場合には、一時預かり事業の利用を勧めるなどの支援をしていきます。

　これらの他にも、家族等からの家事・育児の援助が受けられない産婦で、産後の心身の不調や育児不安などがある人に対して、退院直後に施設に宿泊するなどしてサポートを受ける産後ケア事業によって母子の支援を行うことがあります。

　これらの事業は、市町村が実施することが多いため、利用に際しては居住地の市町村（政令市は区）に相談することになります。

コラム

虐待とトラウマ

　子どもが、大きな事故や災害によって生命の危険にさらされたり、身近にいる家族がその犠牲になるのを目撃したりすると、大人と同様に、心的外傷後ストレス症（PTSD）を発症することがあります。一般にPTSDの症状は、①侵入・再体験（トラウマ体験のフラッシュバックや悪夢）、②回避・認知や感情の陰性化（トラウマ体験に結びつくような事物や状況を避け、否定的な考えや感情を抱きやすくなってひきこもる）、及び③過覚醒（過剰な緊張や警戒心、不眠）の3つから構成されますが、これらに加えて子どもには次の2つが見られやすくなります。

1. ポスト・トラウマティック・プレイ：「震災後の子どもたちが地震ごっこや葬式ごっこをする」、「暴力にさらされた子どもが、人形を叩く」などのように、子どもの遊びに現れるトラウマの再体験であり、何度も繰り返されますが、子どもたちの緊張は一向に和らぐことはなく、決して楽しそうではありません。
2. 解離：トラウマ記憶に対する心理的防衛であり、ぼんやりとしているかと思うと急に落ち着かず苛立ったりするなど、1日のうちでも気分や態度の変化が大きくなります。赤ちゃんのように退行したり、空想上の友達と会話したりすることも見られますが、子どもは、これらの自分の言動を覚えていません。

　しかし、生命の危険にさらされたすべての子どもの心にトラウマが残るわけではありません。非常に危険な状況にあっても保護者が落ち着いて子どもを守ることができたり、安定した親子関係の中で育てられていたりすると、トラウマにはなりにくくなります。

　一方、虐待を受けている子どもでは、子どもを保護すべき大人が、子どもにとって大きな脅威となり、無力な状態に長く置かれていることが最大のトラウマとなります。しかも、虐待を受けている子どもは逃げるわけにも行きませんし、生き残るために虐待者（養育者）に育ててもらわなければなりません。そのために、対人関係形成の時期に特異な適応のパターンを身につけ、年長になってからも、その歪んだ関係性のあり方が維持されます。その結果、自分自身を価値のない存在と思い込み、対人関係を維持することや感情のコントロールが困難になったりします。このように虐待のような過酷なトラウマ体験を繰り返し長期間受けた子どもに生じるPTSDを、とくに複雑性PTSDと呼びます。複雑性PTSDの子どもには、アタッチメント（愛着）の問題以外にも、多動、攻撃性、警戒心、敏感さ、孤立傾向など

の問題が見られ、発達の遅れを伴うことも多いので、発達障害（自閉スペクトラム症や注意欠如多動症）との鑑別が困難です。

　注意すべきは、虐待のような深いトラウマを抱えた子どもの養育は、その歪んだ親子関係のあり方が後の新たな養育者（里親）との間でも再現される可能性がある点です。つまり、里親と里子の間で加害者－被害者の関係が再現されることがあり、また里子が加害者となり、里親が被害者となる関係の逆転も生じます（代理受傷）。里親への心理的支援とスーパービジョンが欠かせない理由です。

　　　　［黒木俊秀（九州大学大学院人間環境学研究院実践臨床心理学専攻教授、精神科医）］

第9章 病気・けが・事故・保険

第9章 1 医療について① 病院への受診・投薬・入院

Q 子どもが病気になったのですが、里親の権限で病院を受診したり、投薬したりできるのでしょうか。

A できます。病気の程度によっては児童相談所の担当者に報告しましょう。

　里親は子どもの監護に関して必要な措置をとることができ、子どもの健康を保持すべき責任もあります（「里親が行う養育に関する最低基準」第8条第1項）。したがって、子どもの健康状態に応じて、里親の判断で病院を受診させることができますし、医師の処方にしたがった投薬も可能です。

　むしろ、里親としては、子どもの健康状態に常に留意して、必要な医師の診察や投薬をすることが求められます。実親は、児童等の福祉のための必要な措置を妨げる行為を行うことができませんので（児童福祉法第47条第4項）、治療などが必要である場合には、実親が反対していても行うことができます。

　また、治療のために入院が必要な場合は、精神病院への入院を除き（本章4参照）、里親の権限で入院させることも可能です。ただし、入院が必要など重篤な病気の場合は、児童相談所も子どもの状況として把握しておく必要がありますので、児童相談所の担当者にも報告しましょう。

　手術を要する場合については本章2を参照してください。

　里親の権限のうち、特に問題となるものを次頁の表にまとめて記載しています。

■里親の権限の範囲

医療	受診	○	ただし、精神科受診は下記及び本章4参照
	手術	△	里親の権限で可能なものもある。児童相談所と相談。本章2参照
	歯科治療	△	健診は可能ですが、麻酔、抜歯などは親権者の同意が必要。本章2参照
	予防接種	△	里親委託前に児童相談所が親権者に同意書を得て、里親に書面交付していれば可能。本章3参照
	精神科受診	○	受診は里親の判断で可能ですが、児童相談所担当者に報告・相談をしましょう。本章4参照
	精神科入院	×	児童相談所担当者に相談しましょう。本章4参照
教育	特別支援学校への入学	△	第10章1参照
	就学猶予	○	第10章2参照
その他	通帳作成	○	里親委託通知書と里親の本人確認ができるものがあれば可能。第11章1参照
	パスポート申請	○	里親委託決定通知書、事情説明書などがあれば可能。＊各都道府県ごとで確認を。第11章3参照
	アルバイトの承諾	△	第11章2参照
	スマートフォン	○	第11章4参照

（○＝可能、△＝場合によっては可能、×＝不可）

第9章 2 医療について② 手術・歯科治療

Q 子どもが手術を要する怪我をしてしまいました。里親の権限で手術を受けさせることはできるでしょうか。歯科治療についてはどうでしょうか。

A まず、児童相談所の担当者に相談しましょう。里親の権限で手術を受けさせられる場合があります。

里親は子どもの監護に関して必要な措置をとることができますが、医療に関しては、その程度によって、親権者の同意が必要な場合があります。

体調が悪いので病院を受診させること、処方された薬を飲ませることなどは日

常的な監護として里親の権限でできます。しかし、手術のように身体に傷をつけるような医療行為については、必ずしも里親の権限でできるものではなく、基本的には、親権者の同意が必要です。もっとも、緊急を要する医療行為の場合は、親権者が反対している場合（親権者の意思が不明の場合も含む）であっても、里親の権限で子どもに医療行為を受けさせることができます（児童福祉法第47条第5項）。

歯科治療の場合、健診については里親の権限だけで可能ですが、上記の手術の場合と同様に、麻酔や抜歯などについては親権者の同意がいる場合もありますので、児童相談所に相談しましょう。

医療行為の程度やその緊急性の判断などは児童相談所に任せた方がよいでしょう。まずは、児童相談所の担当者に相談しましょう。

第9章 3 医療について③　予防接種

Q 子どもに定期の予防接種を受けさせようと思いますが、里親の権限で受けさせることはできるでしょうか。

A 親権者の同意を得ていない場合に、里親の権限で予防接種を受けさせることはできません。

里親は子どもの監護に関して必要な措置をとることができます。また、一定の予防接種については、対象となる子どもには接種努力義務が、親権者には16歳未満の子どもに接種させるために必要な措置を講ずる努力義務がそれぞれあります。

予防接種実施規則では親権者の同意を必要としています。そのため、親権者が里親委託自体に反対しているなどして予防接種に同意をしない場合は、予防接種を受けさせることはできません。ただ、親権者が正当な理由もなく予防接種に反対する場合は、親権停止などの措置も考えられます。

予防接種への対応方法は自治体によって異なりますので、児童相談所の担当者にお尋ねください。

第9章 | **4** 医療について④　精神科病院への受診・入院

Q 子どもが精神に変調をきたしているようなのですが、里親の権限で精神科の病院を受診させることはできるでしょうか。医師から入院させた方がよいと言われた場合、里親の権限で入院させることはできるでしょうか。

A 受診は可能です。ただし、入院には保護者の同意が必要となる場合がありますので、入院が必要と考えるときは、児童相談所に相談してください。

　里親は子どもの監護に関して必要な措置をとることができ、子どもの健康を保持すべき責任もありますので、子どもの疾病に応じて、里親の権限で病院を受診させることができます。

　したがって、子どもが精神に変調をきたしているのであれば、精神科の病院を受診することも里親の権限で可能です。なお、児童相談所の担当者には報告していた方がいいでしょう。薬の処方が変更される場合など、治療方針が変更される場合にも児童相談所へ報告をしてください。

　精神科への入院については、精神保健福祉法との関係もあり、里親だけの判断で入院させることは困難です。入院が必要なほどに子どもの精神状態が悪化している場合には、まずは児童相談所に相談して対応を話し合ってください。

5 知的障害への対応

第9章

Q 乳幼児期に受託した里子が成長するにつれて知的障害が明らかになってきました。自分で養育したいと思う一方、専門家に委ねたいという気持ちもあります。どうしたらいいでしょうか。

A 児童相談所及び専門家へ相談し、十分に話し合って決めることとなります。

　知的障害とは、知的能力の発達が全般的に遅れた水準にとどまっている状態をいいます。ただし、法令上一般的な定義はありません。知的機能（いわゆるIQ値）と、日常の生活能力や社会的適応能力の評価が加味されて、軽度・中度・重度などと診断されます。具体的には、友だちとうまく遊べない、日常の行動に時間がかかる、勉強についていけないことなどが特徴として挙げられますが、その程度や行動傾向は一様ではなく、子どもの個性に応じてさまざまです。

　このような傾向のある子どもの状態を里親のみの判断で決めてしまうことはできません。知的障害が疑われるときは、児童相談所に相談しましょう。児童相談所では、知能検査や発達に関する検査を実施してくれますので、子どもの状態を知り、その後の養育について、児童相談所や専門家と十分に話し合い、子どもにもわかるように説明した上で、判断を行うこととなります。

　乳幼児期に受託した子どもの場合、子どもと最も長く接してきているのは里親です。子どもの個性についてもよく把握しておられると思いますので、率直にご意見を述べられるとよいでしょう。

　知的障害者の支援を行うための療育手帳（本章10参照）の取得などについても助言が得られると思います。

第9章 6 事故の責任

Q 乳幼児を短期間受託している里親ですが、日々事故や病気のリスクを感じています。細心の注意を払っていますが、万が一事故などが発生した場合の責任の所在や賠償責任について教えてください。

A 事故などの発生に故意や重過失がある場合、賠償責任を問われる可能性があります。

　民法上、故意または過失により第三者に損害を与えた場合、その損害を賠償する責任がありますので、親権者より損害賠償を請求される可能性があります。子どもを受託していることによって生じる損害賠償責任を填補する里親賠償責任保険がありますので、加入している場合、そこから損害賠償の費用が支払われることになります。

　児童養護施設で起きた事故に関する事例ですが、児童福祉法上の措置に基づき児童を養育・監護する者は公権力を行使する公務員に該当するため、第三者に損害を与えた場合であっても、国または公共団体が国家賠償法に基づく損害賠償責任を負うときには、民法上の損害賠償責任は負わないという判例があります。したがって、受託を受けている間の事故に関する損害賠償責任は、一次的には都道府県が負うものであり、原則として里親が負うことはありません。したがって理論上は、親権者などから損害賠償の請求を受けたとしても、支払いを拒むことができます。

　しかしながら、里親は、委託児童の健康の状況に注意し、必要に応じて健康保持のための適切な措置をとらなければなりません（「里親が行う養育に関する最低基準」第8条第1項）。したがって里親は、事故などが発生しないように十分に注意をして適切な措置を行う義務があります。事故などの発生に関して里親に故意や重過失があれば、都道府県より、損害賠償金の支払いを求められる可能性がありますのでご注意ください。

第9章 7　長期入院の場合の介護

Q　里子が交通事故に遭い、長期入院することになりました。里親は回復まで介護などをすることになるのでしょうか。

A　里子の養育を行う責任があります。負担が大きいようであれば、児童相談所へご相談ください。

　里子が入院したといっても、措置が変更されたわけではありませんので、里親として子どもを養育する責任は変わりません。子どもにとっても、誰かからの介護を受ける必要がありますから、介護を行うようにしてあげてください。どの程度の介護を行うかは、子どものけがの程度や年齢、入院先の病院の体制にもよりますので、病院と協議を行ってください。
　負担が大きすぎるような場合には、児童相談所へ相談してください。

第9章 8　保険への加入

Q　里親を受取人として里子を生命保険に加入させることはできるでしょうか。また、学校の保険はどうでしょうか。

A　いずれもできません。

　多くの保険会社では、保険金の受取人は被保険者の一定親等内の親族でなければならないと定めていますので、加入させることは難しいでしょう。里親制度は子どもの福祉のため制度ですから、理念上も、里子が不利益を受けることによって里親が保険金を得るという形の契約は望ましいものではありません。
　また、学校内での事故に備えた、独立行政法人日本スポーツ振興センターの保険がありますが、これに加入するためにも保護者の同意が必要であるとされてお

り、ここでいう保護者とは親権者を指しますので、里親が親権者の意思に反して勝手に加入することはできないこととなっています。

第9章 9 アレルギーへの対応

Q 子どもが食事をしていて、アレルギー反応（アナフィラキシーショック）でかなり重い症状が出てしまいました。実親が怒って謝罪を要求しています。どうしたらいいですか。①アレルギーについて、実親から情報をもらっていた場合と②情報をもらっていなかった場合について教えてください。

A 情報をもらっていたにもかかわらず不注意で食べさせてしまったような場合には謝罪が必要でしょうが、情報がなく、避けられなかった場合にはその旨を説明してください。

里親には、委託児童の健康の状況に注意し、必要に応じて健康保持のための適切な措置をとらなければなりません（「里親が行う養育に関する最低基準」第8条第1項）。アレルギーを持つ子どもについては、症状が出ることがないよう、食事の用意に細心の注意を払う必要があります。アレルギーへの反応は子どもによってさまざまであり、体調などにも左右されます。情報をもらった場合には、このくらいなら大丈夫だと安易に考えず、きちんと除去するように心がけてください。

第9章 10 療育手帳

> **Q** 来年度夜間高校を卒業し、自立に向かう予定ですが、発達障害・知的障害があり（医者の診断あり）、将来に備えて療育手帳を取らせたいと考えています。しかし、実親が反対しており、対応に苦慮しています。

> **A** 療育手帳を取得して行政の支援を受けるのは、子どもにとって必要なことです。まずは実親を説得し、それでもなお強硬に反対を続けるようであれば、親権停止などの手続をとることが考えられます。

　身体障害者手帳及び精神障害者保健福祉手帳はそれぞれ「身体障害者福祉法」及び「精神保健及び精神障害者福祉に関する法律」に基づいて発行されますが、療育手帳は発行の根拠となる法律はなく、厚生労働省の技術的助言に基づき、各都道府県知事（政令指定都市の長を含む）が条例や要綱などを制定して療育手帳制度を実施しています。名称も、一般的には療育手帳と呼ばれていますが、「愛の手帳」（東京都・横浜市）、「愛護手帳」（青森県など）の名称を使用している自治体もあります。療育手帳は知的障害者を対象とした手帳であり、発達障害があっても知的障害がなければ療育手帳の発行対象とはなりません。また、交付の基準やサービスの内容が自治体によって多少異なることがありますから、注意が必要です。

　療育手帳を持つ人に対する主な支援は、

［税の控除・減免措置］
- 所得税、住民税の控除
- 自動車税・軽自動車税の減免、自動車取得税の減免

［公共料金、各運賃の割引・減免措置］
- NHK放送受信料の全額又は半額免除、有料道路通行料金の割引
- 鉄道運賃、航空運賃、バス・タクシー運賃の割引

のほか、自治体等から障害の程度に応じて特別児童扶養手当（20歳未満）や障害基礎年金（20歳以上）が支給されます。

　「療育手帳のねらいの一つは、知的障害児及び知的障害者に対して、一貫した

指導・相談等が行われるようにすることにある」(1973年、厚生省児童家庭局通知)ことが明記されています。質問にある実親は「実子が障害者であることが周囲に知られる」ことを恐れているのかもしれませんが、発達障害・知的障害がある子ども自身にとっては、行政より適切な支援を受けることはとても重要です。療育手帳の有無により行政から受けられる支援に大きな差が出ますので、子どもの発達や障害の程度に応じた適切な療育手帳を取得させることは、子どものために必要なことです。児童相談所と協力し、親権者に十分に説明を行って、理解していただくようにしてください。

親権者が、療育手帳を必要とする子どもの申請を妨げる行為は、児童福祉法第47条第4項で禁止されている「児童等の福祉のための必要な措置」を妨げる行為にあたります。説得を行っても強硬に反対を続ける場合には、児童相談所長等より、親権者の親権を制限する手続をとることも可能な場合があります。

第9章 11 交通事故の責任

Q 里子がバイクに乗っていて事故を起こしました(免許は持っています)。責任の所在について教えてください。

A 原則として子ども自身が責任を負いますが、子どもの監督責任を怠っていた場合やバイクの所有者である場合には里親が責任を負う可能性があります。

一般に、運転免許を取得できる年齢の子どもが、きちんと講習を受け免許を取得して運転をしている場合、その子どもに責任能力があると考えられますので、子どもが起こした事故について責任を負うのは子ども自身であり、里親が責任を負うことはありません。事故によって子どもに生じる責任は大きくなる可能性がありますので、任意保険に加入するように指導してください。

また、仮に子どもの監督に関して過失があったと考えられる場合でも、判例によると、一次的な損害賠償責任を負うのは都道府県ですから、被害者の方から直接に損害賠償を求められることは考えにくいでしょう(第9章6参照)。

しかしながら、里親には子どもを監督する責任があります。子どもが故意や重過失によって交通事故を起こしており、子どもが極めて危険な運転を行っていることを知っていながら放置していたような場合には責任を問われる可能性もあります。危険運転などに気がついた場合にはきちんと指導を行ってください。それでも改善しないときには児童相談所へご相談ください。

また、自身のバイクを子どもに貸し与えているときに発生した事故については、自動車損害賠償保障法第3条に基づき、所有者としての責任を問われる場合がありますので、任意保険に加入されることをお勧めします。

第9章 12 子どもが犯罪被害に遭った場合

Q 子どもが第三者から暴力を振るわれてけがをしました。里親としては、加害者に対してどう対応すればよいでしょうか。

A 子どもの心身の回復を中心に据えて対応方法を考えてください。事案の内容や子どもの心身の状態などによっては被害届の提出や刑事告訴をすることを検討してください。

　子どもが犯罪被害を受けたという場合、まずは子ども本人の話をよく聞きましょう。その上で最優先にされるべきは子どもの心身の回復です。今後とるべき対応について迷ったときは躊躇なく児童相談所や犯罪被害者支援団体などに相談してください。事件に至る経緯やけがの重さ、子どもの意思などによっては、被害届の提出や刑事告訴をすべきでしょう。

　被害届は被害の発生を告知する書面であり、里親が保護者として届け出ることも可能と考えられます。刑事告訴は捜査機関に対して処罰の意思を明確にするもので、捜査を強力に推し進めてもらう目的で行うものです。告訴権者は被害者本人か法定代理人です。告訴には告訴能力が必要ですが、中学2年生の告訴が認められた判例があるのでおおよそその年齢以上の子どもならば単独で告訴することが可能であり、里親が子どもから委任を受けて代理人として告訴することも可能でしょう。子どもが告訴能力を有しない場合は基本的には法定代理人が告訴権者

となりますので、里親自身が告訴することはできません。

いずれの場合も、被害者が警察や検察から事件に関して情報を得る制度がありますので、里親が親族又は親族に準ずる者として連絡を受けることは可能です。

ただし、刑事事件として立件された場合、子どもは警察、検察、場合によっては法廷（裁判所）でも被害の状況を詳細に話さなければならなくなります。そうやって話したものの、加害者とされた者が不起訴や無罪になることもあります。つまり、刑事手続による処理は大人が思い描くほどには子どもの心身の回復につながらなかったり、むしろ回復を遅らせたりする可能性があることに留意が必要です。

なお、損害賠償請求については法定代理人の職務になるので里親からはできません。

第9章 13 性的被害が疑われる場合

Q 子どもが性的な被害に遭った可能性があります。どのようにしたらよいでしょうか。

A 子どもが話す以上のことは聞き出さず、児童相談所に連絡してください。

子どもが、誰かが「エッチなことをしてくる」、「体を触りにくる」、「体を触られる、なでられる、なめられる」や「体を触らせられるのがイヤ、困る」、「お布団に入ってくるのがイヤ、困る」、「服を脱がされる、裸にされるのがイヤ」などと訴えたら、細かいことがはっきりしなくてもすぐに児童相談所に通告してください。

性暴力は、身体的虐待のような客観的情報や証拠が乏しいので、子どもの被害を最初に聞いた関係者の通告が重要なカギとなります。性暴力の疑いがあるときは確証がなくても児童相談所に通告してください。

自発的な子どもの言葉を聞き取ったら、それを正確に記録し、まず児童相談所に通告してください。事実を解明しようとしたり、虐待の確証を得ようとして大

人の側からあれこれと質問したりすることは、子どもの証言の暗示・誘導（情報汚染）や言葉の言い換え（情報操作）の原因となる危険性が高いので、子どもが話す以上のことは聞き出さないでください。

　子どもが続けて自発的に話す限りはそれを聞き取ることが大切です。その際には、子どもが自発的に話をすることを尊重し、励ます意味で「それで？」、「それから？」と相手の話を聞き続けるための応答のみにとどめ、子どもがいったん「それだけ」と話を切り上げたら、そこで終わるようにしてください。

　通告を受けた児童相談所では、できるだけ早く（原則、その日のうちに）初期調査を行い、子どもや子どもから話を聞いた人から直接話を聞きます。詳しい調査は、周囲からの影響を取り除いた形で行う必要があるため、多くの場合は子どもを一時保護します。子どもからの立証性ある証言を聴取するために、児童相談所では特別にトレーニングを受けた職員が「被害事実確認面接」を実施します。

　通告したら、子どものプライバシーが守れる場所で子どもの身柄を安全に確保して調査を待ってください。児童相談所に通告したことは、ごまかさず、嘘をつかずに子どもに告げてください。通常は、児童相談所が現場に到着して子どもに面接する直前に伝えてもらっています。

　手順については、児童相談所とよく打ち合わせてください。

> コラム

発達障害（神経発達症）

　2005年に施行された発達障害者支援法（2016年改正、以下「法律」という）では、発達障害を「自閉症、アスペルガー症候群その他の広汎性発達障害、学習障害、注意欠陥多動性障害その他これに類する脳機能の障害であってその症状が通常低年齢において発現するもの」と定めています。しかし、これはあくまで行政上の定義であり、精神医学における分類や定義とは少し異なっています。WHOのICD－11（国際疾病分類第11回改訂版）やアメリカ精神医学会のDSM－5（精神障害の診断・統計マニュアル第5版）では、発達障害を「神経発達症」と呼びますが、その中には知的発達症（知的障害）や発達性発話・言語症（言語障害）も含まれています。

　ここでは、わが国の行政上の定義と重なる代表的な発達障害として、次の3つを説明します（カッコ内は略称）。

①自閉スペクトラム症（ASD）：法律の「広汎性発達障害」と同じですが、自閉症とアスペルガー症候群を包括する概念であり、両者は連続した関係にあるという意味でスペクトラムという用語を用いています。その特徴は、発達早期から見られる対人的コミュニケーションと相互交流の困難、及び限定した興味や関心とその強いこだわりであり、感覚の異常も見られます。ASDは、発達障害の中で中核となる障害です。

②注意欠如多動症（ADHD）：法律の「注意欠陥多動性障害」と同じであり、注意の障害と多動や衝動性が見られます。しばしば学童期になって、「いつもひどく落ち着きがない」、「集団行動から逸脱しやすい」ことが認められます。また、勉学に集中できず、忘れ物が多いなどの問題は思春期以降も持続することがあります。

③発達性学習症、または限局性学習症（LD）：知能は正常範囲内にもかかわらず、読字、書字、または計算などの特定の学習能力に困難を有するものをいい、法律上の「学習障害」の定義よりもやや狭いものです。ADHDと同じく、学童期になって気づかれます。

　上記のASD、ADHD、及びLDは、多くは単独で見られることはなく、互いに並存しやすいものですが、それぞれが独立した疾患ではなく、一人の発達障害者に見られる複数の特性の集まりと見なす方がよいでしょう。これらの発達障害は、通

常、小児期より認められますが、個々人の発達の軌道を追うと、その障害特性の種類や程度にはさまざまなバリエーションがあり、各成長段階においてさまざまな要因がそれを修飾することがわかっています。

　臨床上問題になるのは、思春期以降、抑うつや不安などの２次障害が目立ってくる場合があり、学校に適応できず、いじめや不登校、ひきこもり、または非行の誘因となることです。２次障害（うつ病、パニック症、強迫症、統合失調症など）のために初めて医療機関を受診し、そこで背景に発達障害が隠れていることに気づかれることも少なくありません。

　　　　　［黒木俊秀（九州大学大学院人間環境学研究院実践臨床心理学専攻教授、精神科医）］

第10章
学校生活・教育

第10章 1 学校教育について① 特別支援学校への入学

Q 日頃の子どもの様子を見ていて、特別支援学校への進学が望ましいと思い、就学相談をしたところ、「特別支援学校への進学が相当」と判定されました。ところが、児童相談所から親権者に説明したところ、親権者は特別支援学校への進学に同意しないと主張しました。里親の権限で特別支援学校へ進学させることはできないのでしょうか。

A 里親の判断だけではできませんので、児童相談所と話し合って進めましょう。

　里親には、受託した子どもに対して、監護、教育及び懲戒に関し、児童の福祉のため必要な措置をとる権限（身上監護権）があります（児童福祉法第47条第3項）。

　里親は、子どもにとってどのような教育が必要か、適切な判断ができる立場にあります。また、学校教育法では、保護者を親権者と定義していますが（第16条）、これは保護者（＝親権者）に普通教育を受けさせる義務を規定しているだけで、誰が子どもの進路を決定できるかまでは規定していません。そうすると、里親の身上監護権でもって特別支援学校へ進学させてもよいようにも思えます。

　しかし、一般的に子どもの進学は、子どもの将来を左右する重大な決定であり、親権者の意向に反して里親だけで決定することはできないと考えることが妥当でしょう。したがって、進学については、子どもの意見も踏まえて児童相談所に相談し、子どもにとってどのような教育が適切なのか、実家族も含めて話し合った

方がよいでしょう。親権者の主張が不当であれば、親権停止などの手続をとることも可能です。

第10章 2 学校教育について② 就学猶予

Q 里子（幼児）の様子を見ていると、小学校に入学するには発育が不十分と思われたので教育委員会に就学猶予を申し込みました。しかし、教育委員会からは就学猶予について消極的な回答でした。里親では就学猶予を求めることはできないのでしょうか。

A 可能です。

　市町村の教育委員会は、児童、生徒が病弱、発育不全その他やむを得ない理由のため就学困難と認められる場合は、保護者に対して就学義務を猶予又は免除できます（学校教育法第18条）。
　上記のとおり、これは保護者の申出がなければできないものではなく、市町村長の職権事項です。また、学校教育法施行規則第34条では、保護者は、児童等に上記のような事情があるときは、教育委員会に願い出なければならないとなっていますが、保護者にはかかる義務があるというだけで、保護者の願い出がなければ免除の決定ができないとは規定されていません。そのため、上記のような事情を申し出て、就学義務の免除・猶予を教育委員会の職権で決定させることは親権者でなくても可能でしょう。
　子どもの状況を日頃から把握している里親（の心配）であれば、教育委員会に申し出る十分な理由になりますので、医師等の証明書を添付して就学猶予を申し出ることができます。
　親権者の意向によらずに猶予することに教育委員会が消極的な態度を示すことは大いに考えられます。したがって、親権者が了承しない場合には、就学猶予を得るのは難しいかもしれません。いずれにしても、就学猶予については児童相談所と相談しながら進めてください。

第10章 3 いじめ被害・加害

Q 子どもが学校でいじめの被害に遭っていることが判明しました。どのように対応したらいいのでしょうか。また、参考までに、逆に加害者となった場合についても教えてください。

A 被害・加害にかかわらず、子どもの話をしっかりと聞いてください。そして、子どもの学習の機会と捉えて、一緒に考えてほしいです。

　被害・加害にかかわらず、子どもがいじめに関わっていることがわかったら、大変驚かれると思います。いずれにせよ、子どもの人間関係において何らかのトラブルが起こっていることには変わりありません。そのため、何が起こっているのか、子どもが自身の置かれている状況に対して、どのように対処していきたいと考えているのかなどについて理解するために、子どもの話をしっかりと聴いてあげてください。子どもの考えを理解した上で、保護者としての考えを子どもに伝え、今後、どのように対応していくのかについて一緒に考えてほしいと思います。

　家族での話し合いが済んだら、家族で話し合ったことも含めて学級担任の先生に相談し、今後のことについて話し合ってみてください。状況によっては、学級担任の先生には話しにくいこともあると思います。その場合には、養護教諭やスクールカウンセラー、スクールソーシャルワーカーといった教職員に相談してみるのも、一つの方法です。

　子どもがいじめの加害者である場合は、上記の対応に加えて、以下の2つにも取り組んでほしいと思います。一つ目は、子どものとった行動を一緒に振り返り、やっていいこと、悪いことをきちんと考えていくことです。そして、二つ目は、被害を与えた相手に対して、きちんと謝る必要があることを理解させ、納得させることです。場合によっては、保護者として被害を与えた子どもやその保護者へ謝罪することも必要かもしれません。いずれの対応をとる場合でも、感情的に子どもを叱るのではなく、子どもの学習の機会と捉えて、子どもと一緒に考えるとよいのではないでしょうか。

第10章 | 4 | 子どもの不登校

> Q 小学校高学年の里子が学校に行きたがりません。事情を聴いても話してくれず、困っています。どうしたらいいでしょうか。
>
> A 家の中で子どもの居場所づくりをしてあげたり、子どもが学校と向き合いたいと思ったときに応えられるような準備をしておくとよいと思います。

　子どもが話をしてくれない時は、学校のことについて話をしたくない、考えたくない時期なのだと思います。そういう時には、無理に聞き出そうとしないでください。嫌だと思っていることをしつこく聞かれるのは、みなさんも嫌でしょう。それと同じことです。

　その代わりに、子どもが安心できる居場所を家の中に作ってほしいと思います。子どもが学校に行きたがらないというのは、子どもの日常生活場面の一つである学校が、子どもにとって安心のできる居場所ではなくなっている可能性があります。その時に、子どものもう一つの日常生活場面である家の居心地まで悪くなってしまっては、子どもの居場所がなくなってしまいます。ですから、家では子どもが安心して過ごせる居場所づくりとして、子どもが抱えている悩みなどを話すことができる環境を作ってください。

　ただ、保護者としては、子どもが学校へ行きたがらないことは、大変、心配なことでしょう。ですから、一人で抱え込まず、子どもの意見を聴きながら、学級担任の先生に相談してみてください。学校には、校長先生や教頭先生、養護教諭、スクールカウンセラー、スクールソーシャルワーカーなどさまざまな教職員がいます。必要に応じて、そうした教職員へも相談してみるとよいかもしれません。

　そのように相談しておくことは、子どもが学校へ行きたいと考えた時に、その思いに応えられるような環境を整えることにもつながります。現時点では、学校を避けたいと思っていても、子どもなりに学校と向き合える準備が整えば、学校に行きたいと話すこともあると思います。その時に、子どもの後押しができるよう、特に学級担任の先生とは適宜、情報交換をしておくとよいと思います。

第10章 5 大学進学

> **Q** 里子が高校卒業後の進路で悩んでいます。本心は大学に進学したいようなのですが、遠慮があるのかはっきり言ってくれません。里親から積極的に大学進学を勧めていいのでしょうか。
>
> **A** 遠慮や自立を焦る気持ちを受容しながら里子の素直な心情に触れ、奨学金や支援策などの知識を与えて、十分に時間をかけて進路について話し合いましょう。里子自身が意欲的に試練を乗り越えることが大事です。

　一般的に、子どもは家庭、地域社会、それに学校などに見守られながら成長し、その間に人に対する信頼感を育みつつ、基本的なしつけを受け、生活習慣、学習能力、金銭感覚、対人スキルなどの社会的スキルを身につけながら徐々に活動の幅を広げ、自立に向けた準備を整えていくと考えられます。社会的に自立した健全なモデルが身近にいることが多く、「あんな大人になりたい」などと自分自身が自立した際のイメージを描きやすい環境があるといってもいいでしょう。

　一方、社会的養護下にある子どもたちは、それぞれ保護者と一緒に暮らせなかった困難な事情を抱えています。保護者の疾病、経済的破綻、育児放棄、虐待などです。混乱した家庭の中にいた子どもたちは、満足な食事が与えられず、親が毎日仕事に出かける姿など目にしたことがないかもしれませんし、大人の争いの渦中にいた子も少なくないでしょう。里親家庭や児童養護施設などに措置された子どもたちは、その後次第に落ち着きを取り戻し、学校生活を楽しめるほどに成長しますが、心の奥底には、自らの出自に関するわだかまりを抱えていますし、実親からの支援がないことに対する引け目も感じているのです。

　このような子どもたちの多くが最初に直面する最大の試練が高校卒業後の進路です。甘えることができなかった幼少期を過ごした子どもは人に甘えることが下手です。一方で、素直な心情を打ち明けることにもためらいがあります。それに、学業不振や友人関係の困難を抱えているかもしれません。他方、自立を急かされているような不安定な心理状態にもあります。ある里子は、

「中学校、高校と比較的に成績が良くて、担任の先生や里親から大学進学を勧められたが、甘えてはいけない、早く自立して一人で生きなきゃと考え、わざと勉強をせずに成績を落とした」
と述懐していました。

　自立するには不十分な状態で、住居や生活費などの生活基盤を整えることは相当に困難といわざるを得ません。そのような苦しい「自立」によって子どもたちはさらに難しい境遇に追いやられるかもしれません。一般の家庭に比べて、社会的養護の子どもたちの進学率が低いのは事実ですが、近年、措置延長後の20歳到達後も原則22歳の年度末まで引き続き支援を提供する社会的養護自立支援事業が施策化されていますし、奨学金制度なども整えられています。奨学金や措置延長制度などについては第12章の2及び5を参照してください。いずれにしても、遠慮や自立を焦る気持ちを受容しながら里子の素直な心情に触れ、奨学金や支援策などの知識を与えて、十分に時間をかけて進路について話し合いましょう。里子自身が意欲的に試練を乗り越えることが大事です。

　成績をわざと落とした里子はその後大学に進学し、今は一児の母となっています。

第10章　6　性教育

Q　男女の里子を養育中です。年齢も近く、性的な関心が高まる時期を迎えるのが不安です。性教育の在り方について教えてください。

A　①「あなたは大事な存在」とのメッセージが子どもに伝わること、②「性」に関わる話題を自然に話せる関係があること、③困ったことは相談できる関係があること、④家族個々人がお互いを尊重する関係があること、⑤境界線（バウンダリー）がある生活環境、が大切です。

　思春期は性ホルモンの分泌が増強して身体の変化（第2次性徴）が現れる時期で、性的な関心が高まるのは自然で健康な成長の現れです。しかし思春期は、子どもの活動範囲が広がり心理的にも親から自立していく時期ですから、里親に

とっては心配が増える時期でもあると思います。

　性教育は、「生教育」ともいわれ、幼児期・学童期・思春期を通じて、それぞれの時期のテーマがあります。そのテーマを大きく分けると、第1は「健全な性の発達に係ること」で、幼児期・学童期・思春期を通じて「自分を大切な存在と思える、自分の身体の名前や仕組みを知る、自分の気持ちを知り表現する、健康的な対人関係を築く（自分も相手も尊重する）」ことです。また第2は、「予防教育に係ること」で、ことに学童期から思春期にかけては「性感染症や予期しない妊娠を避ける、性暴力（SNSを介した性犯罪を含む）や他の暴力から身を守るなど」と整理されます。

　「家庭の性教育」で大切なことは、①「あなたは大事な存在」とのメッセージが子どもに伝わる（子どもが自分を大事な存在と思える）、②「性」に関わる話題を自然に話せる関係がある、③困ったことは相談できる関係がある、④家族個々人がお互いを尊重する関係がある、⑤境界線（バウンダリー）がある生活環境、です。

　ここからは生活場面での関わりの実際について考えてみます。まず思春期の身体変化について、例えば女児では月経や乳房が膨らむことへの声かけや下着（ブラジャーなど）について丁寧に扱うこと、男児では必要に応じてマスターベーションについて話すことなどは、①や②につながります。また男女の付き合い方、妊娠、避妊、性感染症、危険な場所などについて話すこともあると思いますが、里親自身が話題にすることに慣れていない内容があるかもしれません。そのようなときは、学校との連携で学校で行う「性教育」の内容を知り、それを話題にしながら、性の話題もあまり構えずに自然に話していいのだというメッセージを子どもに伝えるとよいと思います。また注意することとしては、里子さんが性暴力・性的虐待の被害体験がある場合には、性に関する話題や家庭での過ごし方（入浴など）について、前もって児童相談所の担当者と相談しておくと安心です。

　また里子さんが育ってきた環境は、時として個人のプライバシーや身体的接触に関する家庭のルールが不鮮明で個人の境界がはっきりしていない（④、⑤が侵害されている）場合があります。そのような場合、幼児や小学生でも不適切な性的接触が起こることがありますので、もし何らかの気になることがあるときは、ためらわずに児童相談所の担当者に相談してください。

　加えて家庭環境整備の一環として、インターネット使用に関するルールを作る

ことは、子どもが不適切な性情報に触れるのを防ぐことや、ネットを利用した性犯罪から子どもを守ることにつながるため重要です。

コラム

子どもが学校を見捨てる前に

　40年ほど前に住み付いた中山間地で「ファミリーホーム」を営んで10年。妻と一緒に畑仕事をしながら、現在6人の子どもたちと共に暮らしています。
　ファミリーホームは、子どもと共に暮らし共に生きる現場であり、共に展望を切り拓く共同体だと思います。新しい「家族」を創る営みだと思います。
　さて、私と「学校」との関係は、今現在も里親として幼・小・中・高の学校との付き合いがありますから、教員であった期間を含めると、63年間に及びます。私という人格のほとんどは「学校」でできているといっても過言ではないでしょう。
　「学校」という空間は、社会の中にありながら手厚く保護された一種の閉鎖空間といえますが、一方でいじめや自殺にまで至るさまざまな社会病理と無縁ではありません。聖域ではなく、社会の縮図といってよいでしょう。そこで日々起こっている「不都合な真実」は、ともすれば蓋をされ、塗り替えられ、闇に葬られてしまいがちです。無防備である子どもたちは、意見表明権の存在すら知らされず、学校という「システム」への従順と服従を強いられているのです。このような学校や幼稚園に、わがファミリーホームの6人の子どもたちは、休むことなく通い続けています（うち一人は休み休みですが）。それはある意味で尊敬すべき行動です。今、私自身が子どもに戻って学校へ通うことを強いられたとしても到底通えないでしょうから。
　現在高校生の男児は、小学生の時に担任から「君は輝いているね」と褒められたことがありました。当時彼には、本当にオーラのような輝きがありました。同じ頃、彼は級友から「おまえ捨て子やろ!?」と心無い言葉を浴びせられたのです。即座に彼は「違うよ！」と否定したそうです。そばでそのやり取りを聞いていた女児がすぐに担任に報告をし、その夕方担任から私に電話で報告がありました。彼に確認してみましたが、落ち込んでいる様子は見られませんでした。その後時を置くことなく、相手の男児とは友達になりました。すごい能力です。
　不適切な養育環境の中を生き抜いてきたサバイバーでもあるこの子たちの中には、このような逞しさが育っている反面、一方で厳しい現実もあります。学習面での遅れです。幼い頃、絵本を読んでもらうことなく育った子どもたちは、言葉や文章の理解が困難です。就学前にレディネスが形成されないままに入学し、学校システムの中で呼吸しなければならない困難性は如何ほどのものでしょう。学校＝

「School」の語源は「暇」だそうです。本来あった「暇」が学校や社会からなくなり、家庭からも失われていったことが、現在の虐待やいじめ、不登校、引きこもりなどの背景になっているような気がしています。

　子どもたちが「学び」から疎外され逃走を図るのは、「遊び＝ゆとり＝自分」を奪われないための闘いともいえるでしょう。ゆっくりと自分らしい呼吸ができるゆとりをせめて家庭で作り出すことが必要です。将来の「自立する力」は、むしろ「遊ぶ力」やソーシャルスキルの獲得によって身につくものだと思うのです。

　サバイバーである子どもたちと共に生活空間を作っていく営みは、きれいごとでは済みません。この子たちが家庭の中で地金をむき出しにして感情を暴発させることは日常茶飯事ですが、里親には、それに巻き込まれないだけのスキルが求められます。ところが、学校でも暴発を繰り返すようになると、里親は学校（先生）に理解を求め、協働して子どもたちと向き合うしかありません。子どもたちが学校を必要とし楽しく登校できるように取り組む必要があります。学校空間が子どもにとって安心・安全を担保し心地良い空間となるように、学校も変わらなければなりません。子どもたちを画一的に学校に合わせるのではなく、学校が一人ひとりに合わせて柔軟に対応できる「合理的配慮」が必要です。隠れ不登校を含めて70万人以上の中学生が不登校傾向にある現実は、「配慮」では間に合わないレベルに達しているのかもしれません。しかし、子どもが学校を見捨ててしまう前に、まだまだできることがあるはずです。

［養育里親］

第11章
消費活動・契約など

第11章 1　契約締結について①　通帳作成

Q 里子が小遣いを貯めたいというので、子ども名義で金融機関の預金通帳を作ろうと思うのですが、里親が通帳を作ることはできないのでしょうか。

A できます。

　里親委託通知書と里親の本人確認書類（運転免許証など）を持参すれば、里子名義の預金口座を開設して、通帳を作成することができます。
　金融機関によっては、里親の住民票を求めるところもあるようですから、必要書類についてはあらかじめ当該金融機関にお問い合わせください。

第11章 2　契約締結について②　アルバイト

Q 里子がアルバイトをしたいと言ってきました。里親の権限でアルバイトすることを許可してもよいのでしょうか。

A アルバイト先が親権者の承諾不要または里親の承諾でもよいと言っていれば可能です。

未成年者は、原則として、満15歳になった日以降の最初の3月31日までは労働が禁止されています（労働基準法第56条第1項）。また、未成年者は、親権を行う者の許可がないと仕事に就くことができません（民法第823条第1項）。

　したがって、基本的には中学卒業後の子どもは、親権を行う人の許可がなければアルバイトはできません。里親にも職業許可権が認められそうですが、法文上「親権を行う者」との限定がなされている以上、里親にこの権限は認められません。

　もっとも、親権者であっても未成年者に代わって労働契約を締結することはできず、未成年者が直接契約を締結しなければならないとされており（労働基準法第58条第1項）、子ども自身が労働契約を締結することは可能です。その際、親権を行う者の同意を受けずにアルバイト契約を締結しても契約が無効になるわけではなく、その契約を取り消し得るにすぎません。そこで、アルバイト先が、親の許可がなくとも（里親の承諾で）アルバイトを引き受けてくれるのであれば、子どもがアルバイトをすることは可能です。里親は身上監護権の一環として、子どもにとってアルバイトが適切かどうかを考え、子どもと話し合ってください。

第11章 3　契約締結について③　パスポート

Q 里子と海外旅行に行きたいのですが、里子はパスポートを持っていないので代わりに申請しようと思います。里親が代理申請することはできるのでしょうか。

A 親権者の同意書なしで、里親からパスポート申請をすることができます。

　里親がパスポートを申請する場合、一般的に添付する書類のほか、里親委託決定通知書（写しでも構いません）、事情説明書（「このたび児童福祉法第27条第1項第3号に基づき○○（受託児童氏名）の里親に決定し、○○（渡航先）に渡航したいのでパスポートを申請」する旨の書面。パスポートセンター窓口にも書式を備えており、里親が窓口で書いてもよいようです）が必要です。申請書のサイ

ン欄のサインは子ども（未就学児については里親）が行います。

　里親が子どもに代わって申請するときは委任状は不要ですが、里親以外の人が代理して申請するときは子ども（未就学児については里親）が署名した委任状が必要になります（申請書の裏面に定型の委任状書式が印刷されています）。里親の本人確認証明書（運転免許証など）を持参した方がよいようです。

　ただし、上記は福岡県の場合です。都道府県ごとに必要な書類が異なる場合もありますので、住民票のある地域のパスポートセンターにお問い合わせください。

第11章　4　契約締結について④　スマートフォンの契約・解除

Q
①里子がスマートフォンを持ちたいと言っています。どうすれば契約できますか。
②高校生の里子が無断でスマートフォンを契約しました。親の同意などは友人間で工夫したようです。里親が契約を解除できるでしょうか。

A
①契約をするためには親権者の同意が必要ですが、携帯電話会社によっては里親の同意で契約をすることもできます。
②里親が契約を解除することはできません。

　未成年者（子ども）が法律行為（契約の締結など）をするには、法定代理人（親権者）の同意が必要です（民法第5条第1項）。そのため、里子（未成年者）がスマートフォンを契約するためには、親権者の同意が必要です。

　なお、携帯電話会社によっては、里親の同意があればスマートフォン契約を締結できるとの取り扱いをしているところもあります。

　法定代理人の同意なく契約した場合、子どもあるいは法定代理人は、原則として契約を取り消すことができます（民法第5条第2項）。もっとも、未成年者が、法定代理人の同意があると偽って契約した場合には、取り消しが認められなくなる場合があります（民法第21条）。本件の場合、里子が親（法定代理人）の同意があると偽って契約していますので、これを取り消すことは難しいと思われます。

　そこで、里親が里子のスマートフォン契約を解除できるかが問題となりますが、

里親には財産管理権がありませんので、里子に代わって契約を解除することはできません。

第11章 5 消費者トラブル

> Q 子どもが、WEB上のあるサイトにアクセスしたところ、過大な利用料金を請求されました。どうしたらよいでしょうか。
>
> A 単にサイトにアクセスしただけでその料金を請求された場合は、支払いを拒絶してください。

インターネットに接続して、画面上に「アクセスすると有料になる」旨の注意事項の表示が何もないのに、有料サイトに接続したことを理由に料金を請求された場合には支払う必要はありません。したがって、質問のように単にサイトにアクセスしただけの場合は、サイトの料金支払いを拒絶することができるでしょう。

しかし、料金が発生することの確認メッセージが表示されたのにこれを承諾し、さらに、20歳以上である旨の確認メッセージにも肯定する返信をしてアクセスした場合は、サイト料金の支払い義務が生じます。

仮に、子どもが里親名義で契約したとしても、パソコン使用者としての責任があり、結論は同じになります。もっとも、法外な請求がなされたときは支払いを拒絶できる場合がありますので、消費生活センターや弁護士に相談しましょう。

子どものパソコン利用については、このようなトラブルが生じるおそれもあることから、基本的に制限しておくべきです。

第11章 6 保証人になる場合の注意点

Q 里子が高校を卒業して就職するため、アパートを借りて一人暮らしをすることになりました。アパートを借りるにあたっての連帯保証人と就職の際の身元保証人が必要となったのですが、親族で保証人になる人がいないため、私が保証人になろうと思います。どのような点に注意したらよいでしょうか。

A 保証人には、大きな責任が課せられる場合がありますので、保険制度や身元保証人確保対策事業を利用するなどして、リスクを回避する措置をとりましょう。

　賃貸借契約の連帯保証人は、賃借人（元里子）が賃貸人に対して負う一切の責任（未払家賃の返済や原状回復義務など）を連帯して負わなければなりません。保証期間や保証金額について制限はなく、例えば、賃借人が火災を起こして賃借物件を焼失させれば、莫大な賠償責任を負うことになります。

　このように、保証人には重大な責任が課せられますので、保証人となる場合には、例えば賃貸借契約の場合には必ず火災保険に加入させるなど、リスクを回避するための可能な措置をとるべきです。また、元里子がどのような生活を送っているか、ときどき連絡を取り合い、必要に応じて指導をすることも必要でしょう。

　就職の身元保証人は、被用者（元里子）の故意・過失によって使用者（勤務先）に経済的な損害を与えた場合にそれを賠償する義務を負います。なお、身元保証に関する法律により、3年間ないし5年間の保証期間が定められていますし、被用者（元里子）の勤務状況や使用者（勤務先）の監督状況などによって保証人の責任が限定されることになっています。また、使用者は、被用者の勤務状況に問題があるときは、これを保証人に通知する義務が課されています。

　なお、里親が就職の身元保証人になる場合や、賃貸借契約の連帯保証人になる場合に、里親が負担する賠償義務を公費で補填する制度（児童福祉施設等に関する身元保証人確保対策事業）ができています。金額や保証期間が3年に制限されており、万全なものではありませんが、保証人になる場合には利用すべきでしょう。この制度の詳細については第12章4を参照してください。

コラム

里子とともに育って

　母子家庭でお母さんが入院している子ども、共働き家庭の夕方一人で過ごす小学生、夜勤の看護師さんの子ども、不登校で引きこもる家庭内暴力の少年などがわが家には次々とやってきました。中には身寄りのないお年寄りもいました。両親が近所の子どもの世話を始めたのは1984年頃のことです。当時私は1歳半でした。聞いたところでは、近所の父子家庭の3姉妹がネグレクトの状態で、見かねた母が食事を届けたり、家に通って身の回りのお世話をしたりしているうちに、一時的にわが家で育てることになったのが最初だったそうです。数か月後、再び父親が引き取ったものの、子どもだけで夜間うろうろしたり、万引きをしたりするので、民生委員さんから通報され、結局施設へ入りました。

　やがて、地域の中で世話好きの両親のことが口コミで広がり、困っている人が自分で訪ねてきたり、人に紹介されたりして、家に来るようになりました。数日で帰る人もいましたが、長い人は数年間居続けました。お金を払う余裕もない人がほとんどでした。物心ついた頃から、私の家には絶えず家族ではない誰かがいたのです。

　当時の両親は、私に対しては、「親がいるんだから何も不自由していない、愛情をかけているからそれで大丈夫」と自信を持っていたそうです。しかし、子どもなりに気を使うし、居心地もよくありません。小学生の頃、思い切って母に「家に人がいるのは嫌だ」と言ってみたら、「嫌だと思う人が出ていけばいい」と冷たく突き放されました。家族の一員であるはずの私の意見が取り上げられることはありませんでした。

　「里親になろうかと思う」そう聞かされたのは15年ほど前、私が大学生の頃でした。少し成長していた私は「子どもなら」と快く返事しました。しかし、最初に委託されたのは施設で暴力事件を起こし行き場を失った高校生の男の子。その次は幼少からひどい虐待を受けた高校生の女の子。突然暴れ出しては壁に穴を開ける、物を壊すのはほぼ毎日。家は安心・安全な場所ではなく、危険な場所へと変わっていきました。

　長い間、父や母の生き方を肯定できませんでした。私のことはいつも後回しで、大事にされている実感がなかったからです。日々苦悩している両親の姿を間近で見るのもつらいことでした。「絶対に親のような生き方はしたくない！」と心に決めていましたが、大人になるにつれ、次第に受け入れられるようになっていきました。

母が当時の私の気持ちを思いやり、心から謝ってくれたことがきっかけになりました。

　現在、私は子育てをしながら両親が営むファミリーホームの養育補助者として里子たちの養育に関わっています。高齢の両親に代わって引き継ぎたい気持ちもないわけではありませんが、自分の子どもたちに同じような気持ちを味わわせてしまうのではないかと思うと素直になれません。里親家庭の実子は、複雑な思いを抱えながら生活していると思います。里親、里子だけでなく実子にも独自の配慮がほしいと願います。自分は理解されている、大事にされているという実感を持てるように誰かに支えてほしいです。私は実子に対しては、そのような支援者の一人でありたいと思っています。

［藤井仁美（ファミリーホーム養育補助者）］

第12章 自立支援

第12章 1 就労支援

Q 社会的養護に特化した就労支援制度はありますか。

A 社会的養護に特化したものはありませんが、「わかものハローワーク」、「サポステ」など、若者の就労を支援する仕組みがあります。何らかの障害がある場合は「就労移行支援」を利用できます。

インターネットで検索すると、お近くの「わかものハローワーク」や「サポステ」が見つかるかもしれません。

- わかものハローワーク

   正社員を目指す若者（概ね45歳未満）を対象に、仕事探しや就労後をサポートします。正社員就職を目指す若者を対象に、就職支援ナビゲーターによるきめ細かな支援などのさまざまなサービスを無料で行っています。自治体によって、「わかもの支援コーナー」、「わかもの支援窓口」をハローワーク内に設けていることもあります。

- 地域若者サポートステーション（通称「サポステ」）

   15歳以上39歳以下を対象に、若者の職業的自立を支援しています。全国に175か所（2018年現在）あり、各都道府県に必ず1か所は設置されています。

また、身体障害、知的障害、精神障害、発達障害、難病があり、一般企業へ就職したいと考えている方は、障害者総合支援法で定められている就労移行支援を利用できます。

就労移行支援とは、65歳未満を対象に就職に必要な知識やスキル向上のためのサポートを行うものです。また、就労移行支援は障害者手帳の有無にかかわらず、医師や自治体の判断などにより、就職に困難が認められる方も利用することができます。就労移行支援の自己負担月額は、前年度の世帯所得に応じて変わってきますが、世帯収入は本人と配偶者の金額の合計であり、親の収入は換算されません。就労移行支援事業所を利用するには、市区町村の窓口での利用申し込み手続が必要です。

第12章 2 自立・進学支援

Q 自立に際しての一時金の支給や進学支援などがあれば教えてください。

A 里親制度では就労や進学により自立する際に一時金が支給されます。そのほか、官民の奨学金制度などがあります。

　本章5で専門学校や大学などに進学する場合の措置延長や支援策について詳述していますので、ここでは主に官民の経済的支援についてお話します。
　社会的養護を経験した若者の自立支援は大きな課題となっています。現在少しずつ制度が整備されつつありますが、残念ながら、現状では私立高校や大学進学に必要な入学金・学費や準備費用を里親制度の中で支給される一時金で賄うことはできません。児童手当や里親手当を貯金しておくなどの工夫をされている里親も少なくありません。また、最近では給付型の奨学金や、民間の進学支援制度も増えてきました。
　以下、返済義務のないいくつかの民間奨学金などを紹介しますが、現在も実施されているかどうかや支給額などについては確認が必要です。
- 社会福祉法人朝日新聞厚生文化事業団
　　児童養護施設や里親家庭で生活し、4年制大学、短期大学、専門学校への進学を希望している高校3年生（高卒認定合格見込み者を含む）に奨学金を

支給しています。
- 社会福祉法人読売光と愛の事業団（光と愛・郡司奨学基金）

   全国の児童養護施設から大学や短大、専門学校へ進学した場合に進学先の授業料を支援しています。
- NPO法人 Living in Peace（Chance Maker 奨学金）

   大学または専門学校などへの進学を希望する児童福祉施設出身の子どもたちを対象に住宅費を支援しています。
- 公益財団法人楽天　未来のつばさ

   児童福祉施設や里親家庭から離れて進学・就職する予定の子どもたちへ自立奨学支援資金を提供しています。進学先は、大学、短期大学、専門学校、職業訓練校、障がい児童のための職業訓練開発施設などが対象です。
- 日本財団（夢の奨学金）

   社会的養護出身者を応援するため、高校、大学、大学院、短大、専修学校などにおける卒業までの入学金・授業料（全額）、住宅補助、生活費補助を給付する奨学金制度です。なお、卒業や就職までの間、ソーシャルワーカーが奨学生の相談に対応してくれます。また、職人見習い期間の住宅補助、生活費補助もあります。
- 独立行政法人日本学生支援機構

   日本学生支援機構（JASSO）の給付型奨学金は、国費を財源として、意欲と能力のある若者が経済的理由により進学を断念することのないよう、原則として返還義務のない奨学金を支給することにより進学を後押しするものです。社会的養護を必要とする人には申込資格があり、支給月額とは別に一時金も支給されます。

第12章　自立支援

第12章 3 アフターケア事業所

Q 里子が遠隔地に就職(進学)するのですが、仕事(自活)に慣れるまでが心配です。私が頻繁にサポートすることもできないので、どこか支援してくれるところはありますか。

A 巣立ち後の支援を行う「アフターケア事業所」が少しずつ増えてきていますので、お住まいの地域にアフターケア事業所があるかを確認してください。

「退所児童等アフターケア事業」とは、厚生労働省が定めた実施要綱に基づいて、2010年から開始された事業です。事業の実施主体は都道府県(指定都市及び児童相談所設置市を含む)ですが、事業内容を適切に実施できると認めた者に委託することもできます。むしろ、現状では委託されて実施している事業所が多いようです。「里親に委託する措置又は児童福祉施設に入所させる措置を解除し自立生活する子ども」が対象とされています。

事業内容は、
①退所を控えた子どもに対する支援
②退所後の支援

に分かれており、地域生活を始める上で必要な支援や自立生活する上で必要な支援を行っています。

里親や児童養護施設など社会的養護を巣立つ若者は、多くの課題を抱えたまま自立を迎えなければならないこともあります。しかし、巣立った後の支援体制はまだ十分には確立されていません。上記に基づく「アフターケア事業所」は、そのような社会的養護を巣立つ前と巣立った後の若者を支援する事業所ですが、その数はまだ少なく、支援内容も就労支援や生活支援、居場所づくりなど、事業所によって異なっています。他県から移転してきた若者の支援を行っている団体もありますので、お住まいの地域にあるアフターケア事業所に問い合せてください。地域にアフターケア事業所があるかどうかは、児童相談所などで確認することができます。

また、巣立つ前からアフターケア事業所との関わりを持ち、里子とスタッフとの関係を作っておくことで、その後利用しやすくなるといわれています。もし近隣にアフターケア事業所があり、巣立ち前に参加できるソーシャルスキルトレーニングや自立支援プログラムなどがあれば一度利用してみてはいかがでしょうか。子どもも巣立ち後に安心して頼れる場所があると感じることができるかもしれません。

　最近では、アフターケア事業全国ネットワーク「えんじゅ」が発足し、ホームページで全国のアフターケアを行っている加盟団体の紹介なども行っています。

　「えんじゅ」https://enjunet.org/
　＊注：全国のすべてのアフターケア事業所が加盟しているわけではありません。

第12章 4 保証人

Q 里子が18歳で自立するのですが、里親の自分が保証人にならなければいけないのですか。

A 進学や就職の際に身元保証人を確保する「身元保証人確保対策事業」が開始されています。その他の保証については慎重に検討しましょう。

　2017年から社会的養護自立支援事業の一環として「身元保証人確保対策事業」が開始されています。この事業は、里親委託や児童養護施設に入所している子ども、または解除されてから２年以内の人たちを対象に身元保証人を確保し、社会的自立の促進に寄与することを目的としています。以下、「身元保証人確保対策事業運営内規」をもとに事業の概要を解説します。対象となるのは前述の子ども等であって、かつ次の理由により父母（保護者）等に適当な保証人がいない人です。

①父母等が死亡又は行方不明、逮捕勾留中となっている。
②父母等に心身の障害がある。
③父母等が経済的に困窮している。
④虐待や配偶者からの暴力等の理由により父母・配偶者等が保証人になること

が適当でない、若しくは協力が得られない。

上記の場合、保証人となるのは次に掲げる人です。

①児童養護施設、児童心理治療施設、児童自立支援施設、母子生活支援施設、婦人保護施設については施設長とする。

②里親については、里親又は措置をした児童相談所長とする。

③小規模住居型児童養育事業（ファミリーホーム）を行う者については、養育者又は措置をした児童相談所長とする。

④児童自立生活援助事業（自立援助ホーム）を行う者については、設置主体（又は経営主体）主体の代表者又は援助の実施をした児童相談所長とする。

（以下省略）

■**保証範囲**

①就職時の身元保証

　　被保証人が雇用主のためにその業務を遂行するにあたり又は自己の職務上の地位を利用して雇用主又はその他の者に損害を与えた結果、身元保証人が被った損害に対して保証金を支払う。

②アパート等の賃借時の連帯保証

　　賃貸住宅又は賃貸施設（以下「賃貸住宅等」という。）に関し、被保証人との間で締結された賃貸借契約に基づき、貸主に対して負担する債務のうち、次に掲げるものが履行されないことにより連帯保証人が被った損害に対し保証金を支払う。

　ア　家賃もしくは賃貸料および共益費（以下「家賃等」という。）の支払い

　イ　賃貸住宅等の修理又は現状回復の費用の支払い

　ウ　賃貸借期間経過後の不法住居による賠償金の支払い

　エ　前各号債務の履行遅延による遅延利息の支払い

③大学等入学時の身元保証

　　被保証人が大学、高等学校などの教育機関における就学に関し、学費の滞納など、教育機関に損害を与えた結果、身元保証人が被った損害に対して保証金を支払う。

■**保証期間**

①就職時の身元保証の期間は、1年ごとの更新とし、原則として3年間。ただし、都道府県等が必要と認める場合は、保証期間をさらに2年間延長し、最

長5年間とすることができる。
②賃貸住宅等の賃借時の連帯保証の期間は、1年ごとの更新とし、原則として3年間とする。ただし、都道府県等が必要と認める場合は、保証期間をさらに1年間延長し、最長4年間とすることができる。
③大学など教育機関入学時の身元保証の期間は、1年ごとの更新とし、原則として当該教育機関における正規の修業年数の間とする。ただし、都道府県等が必要と認める場合は、保証期間をさらに1年間延長し、原則として最長5年間とすることができる。

■保証限度額
この事業における1件あたりの保証限度額は、次のとおりです。
①就職時の身元保証　200万円
②賃貸住宅等の賃借時の連帯保証　120万円
③大学、高等学校など教育機関入学時の身元保証　200万円

■保険料
①就職時の身元保証
　年間保険料10,560円（月額880円）
②賃貸住宅等の賃借時の連帯保証
　年間保険料19,152円（月額1,596円）
③大学、高等学校など教育機関入学時の身元保証
　年間保険料10,560円（月額880円）

　上記以外の、例えば借金の保証などの保証人は、主債務者（子ども）が契約上発生する債務について負担することができないときに、主債務者に代わって債務を負います。そして、保証人は、債権者との間で保証契約を結ぶことによって保証債務を負うことになります。そのため、里親だからといって当然に里子（子ども）の保証人にならなければならないものではありません。
　保証人となる場合には、大きな責任が課せられる場合がありますので、事前にリスクを回避するために可能な措置がないかを検討することが大切です。その上で、保証人となるか検討されてはどうでしょうか。

第12章 5 措置延長など

Q 高校卒業後、専門学校や大学などに進学する場合の措置延長や支援策について教えてください。

A 18歳を超えて20歳までの措置延長が可能です。さらに、20歳到達後も原則22歳の年度末まで、引き続き必要な支援を受けることができる事業が開始されています。

　厚生労働省は、2011年12月28日、「児童養護施設等に入所し又は里親等に委託する措置をされた児童が、できる限り一般家庭の児童と公平なスタートラインに立って社会に自立していけるよう、自立支援の充実が重要となっている」として、満18歳を超えて満20歳に達するまでの間、引き続き措置を行うことができる旨の法の規定を積極的に活用することを都道府県知事及び指定都市市長等に通知しました。具体的には、

①大学等や専門学校等に進学したが生活が不安定で継続的な養育を必要とする児童等

②就職又は福祉的就労等をしたが生活が不安定で継続的な養育を必要とする児童等

③障害や疾病等の理由により進学や就職が決まらず継続的な養育を必要とする児童等

などの場合、児童養護施設等や里親等の意見を聴き、あらかじめ児童等及びその保護者の意向を確認するとともに、延長することが必要と判断される場合に活用することを指示したものです。

　さらに、2016年に成立した改正児童福祉法において、児童自立生活援助事業（自立援助ホーム）の対象者に22歳の年度末までの間にある大学等就学中の者が追加されました。また、厚生労働省は2017年3月31日、里親等への委託や児童養護施設等への施設入所措置を受けていた者について、18歳（措置延長の場合は20歳）到達後も原則22歳の年度末まで、引き続き必要な支援（引き続き里親家庭や施設等に居住して必要な支援を提供することを含む）を受けることができる事

業(社会的養護自立支援事業)の実施について「社会的養護自立支援事業実施要項」を定め、都道府県知事等に通知を発出しました。この社会的養護自立支援事業は、①支援コーディネーターによる継続支援計画の作成、②居住に関する支援、③生活費の支給、④生活相談の実施及び⑤就労相談の実施を主な内容としています。支援策の詳細については、児童相談所に問い合わせてください。

コラム

子どもの声を聴く
～社会的養護経験者の視点から～

　Children's Views & Voices（以下、CVV）は、2001年夏、カナダ・オンタリオ州PARC（ペイプ青少年資源センター）を訪ねた児童養護施設経験者が立ち上げ、現在は、社会的養護の経験者と経験者でないメンバーで運営するボランティアグループとして活動しています。施設や里親家庭などを巣立った若者たちがエンパワメントされる居場所づくりを行っており、CVVの名称には、子どもの視点（Views）と声（Voices）を大切にしたいという思いが込められています。また、キャッチフレーズとして、Voice・Resource・Connect を掲げ、社会的養護の当事者の声を聴き、つながりを発信しています。

　以下は、CVV のモットー 5 か条です。
　①社会的養護の当事者と社会的養護に関心のある人がともに活動します。
　②社会的養護で育つ子どものさまざまな体験と将来の選択をサポートします。
　③社会的養護の当事者が気軽に集まれる場をつくります。
　④社会的養護への理解を深めるため、社会的養護の当事者の声を集め、発信します。
　⑤おもしろく、楽しい場であることを大切にしています。

　事業内容としては、みんなの会（現在施設や里親家庭などで生活している中学・高校生を対象に、自尊感情を高めるワークショップや料理づくりなどを実施）、よりみち堂（社会的養護から自立した若者やCVVに興味がある人が気軽に集まれる場所として、月１回平日の夕食会を地域の方たちのサポート得ながら実施）のほか、講演、出版、ブログ発信、ニュースレター「みんなの手紙」発行など、社会的養護について多くの方に知ってもらえるような啓発事業を実施しています。

　CVVに参加する社会的養護経験者からは、「子どもの話をもっと聴いてほしい。言いたくても言えない子どもに話しやすい関わりをしてくれたら」、「理不尽なことがあっても、しょうがないと諦めていた。理由を話してほしかった」、「施設を退所した後は、職員が忙しそうで相談しにくくなった。施設を出た後も相談しやすい環境にしてほしい」、「子ども同士のいじめに気づいてほしい」、「秘密にすると言ったことは、秘密にしてほしい」といった声が聞かれています。

　私は、CVVの活動や自身の経験を通じて、子どもにとって利害関係のない第三

者が子どもの声を聴くアドボカシーシステムの必要性を強く感じています。子どもと家族が分離されるときや子どもが家庭復帰するときも含め、社会的養護の中で生活するすべての子どもたちの思いが当たり前に聴かれる社会の実現が急務です。

　また、社会的養護経験者同士がつながり、多くの当事者の声を社会に発信していくことで、子どもたちのニーズにあった制度の構築も期待されます。

　子どもたちが人生の主人公として楽しく、自分らしく生きていける社会を目指し、私にできることを地道に活動していきたいと思っています。

[中村みどり（Children's Views & Voices〔CVV〕副代表）]

第13章
非 行

第13章 1 子どもの非行にまつわる司法の仕組み①
非行少年の類型と少年審判手続

> **Q** 少年司法（非行にまつわる司法）の大まかな仕組みについて教えてください。
>
> **A** 非行少年の類型は、①犯罪少年、②触法少年、③虞犯少年の3つです。どれかに該当すると考えられた場合、警察・検察の捜査→家庭裁判所での調査・審判→保護処分などという手続が定められています。

　非行少年の類型は3つあり、①犯罪少年（罪を犯した14歳以上20歳未満の者）、②触法少年（刑罰法令に違反する行為をした14歳未満の者）、③虞犯少年（未だ犯罪は起こしていないが、正当な理由なく家庭に寄り付かないなどの一定の事由があり、将来犯罪をするおそれのある20歳未満の者）とされています。14歳未満の少年は、刑罰法令に違反したとしても、「刑罰（大人と同じ処罰）」を科すことが絶対に不可能とされていますが、そのような少年であっても、少年法による「保護（保護処分）」の対象にはなるとされていることから、②の類型が定められています。

　手続については、捜査（要件を満たせば逮捕・勾留）→家庭裁判所送致（要件を満たせば観護措置〔少年鑑別所入所〕）→少年審判という流れが定められています。少年審判では、非行事実の存否、処分の要否、処分内容が決められます。主な保護処分の種類は、少年院送致、児童自立支援施設送致、保護観察です。①犯罪少年の場合、保護処分ではなく、大人と同じ刑事裁判を受けるようにとの決定

（検察官送致、逆送）がなされることもあります。最終処分を決める前に、「試験観察」を行って、一定期間、子どもの行動などを観察した上で処分を決める場合もあります。

なお、今後の法改正により、少年審判の対象となる年齢の上限が20歳未満から18歳未満に変更される可能性があります。最新の法改正情報に注目しておいてください。

第13章 2 子どもの非行にまつわる司法の仕組み②
少年鑑別所・少年院・少年刑務所の違い

Q 少年鑑別所、少年院、少年刑務所の違いについて教えてください。

A いずれも身体拘束を伴う（外出などの自由がない）点では共通していますが、対象者、目的、施設内での処遇内容が異なります。

本章1で説明したように、少年非行に関する手続については、捜査（要件を満たせば逮捕・勾留）→家庭裁判所送致（要件を満たせば観護措置〔少年鑑別所入所〕）→少年審判という流れが定められていますが、少年鑑別所は、観護措置がとられた少年に対し、行動観察や心理テストなどにより資質の鑑別を行うほか、家庭裁判所の調査官が面接を実施し家族関係や成育歴などについて詳細な調査を行うなど、審判で処分を決定する際の資料を提供することを主な目的としています。少年院と異なり、子どもの改善更生に向けた積極的な教育的処遇は行われません。

一方、少年院は、少年審判の結果、少年院送致決定を受けた子どもに対して、少年の改善更生と円滑な社会復帰を図ることを目的として矯正教育を実施する施設です。犯罪的傾向の進度、心身の故障の有無などに応じて、第1～4種の少年院があり、収容期間は大きく、短期と長期の2種類に分けられています。長期の場合でも、処遇経過が良好で、身元引受人がいるなどの帰住環境が整っていれば、11か月程度で仮退院を許可されるのが通常です。

少年刑務所は、刑事裁判において懲役または禁錮の実刑の言い渡しを受けた少

年を収容する刑事施設です。少年が罪を犯した時に14歳以上であった場合、事件の内容、少年の性格、心身の成熟度などから、保護処分よりも刑罰を科するのが相当と判断される場合には、事件を検察官に送致することがあります。また、少年が故意に被害者を死亡させ、その罪を犯した時16歳以上であった場合には、原則として事件を検察官に送致しなければならないとされています。検察官送致になると刑事裁判を受けることになり、懲役や禁錮の刑罰に処せられることがあります。少年刑務所には、このような少年のほか、26歳未満の犯罪傾向が進んでいない成人受刑者も多く収容されています。刑を執行するための施設なので、主な処遇内容は刑務作業（副次的に職業訓練）ですが、少年刑務所においては、一般の刑務所に比べると教育的配慮のもとに特別の教育的処遇も行われています。所内で規律違反がないなど処遇経過が良好で、確実な身元引受人がいるなど社会内で更生に向けた環境が整っていれば、一定期間経過後、仮釈放を許可されることがあります。出所時には、作業報奨金（2015年度の予算では一人当たり月約5,317円）が支払われます。

第13章 3 非行行動

Q 子どもが里親宅からお金を勝手に持ち出してゲーム機を買っていたことがわかりました。どのように対処すべきでしょうか。

A 子どもには、お金を持ち出した事情を聞いて、金品の持ち出しが悪いことについて丁寧に説明してください。

子どもがやったことについて、それがやってはならないことだと諭す際には、まず子ども側の事情をじっくり聞く慎重さが必要です。背景に、学校での孤立などの不適応、学業不振、友だちからの強要など本人自身では解決が難しい問題がひそんでいるかもしれません。子どもの話を聞きながら、子どもの家庭での様子や自分との交流のあり方などをじっくり振り返ってみましょう。

その上で、お金の持ち出しの時期や頻度、額、使途などの事実関係を具体的に確認します。事実と齟齬するようなことがあればそれを曖昧にせず、きちんと問

いただすことが大事です。また、財布をテーブルの上に置きっぱなしにするなど、自分のお金の管理方法に問題がなかったかを点検してみましょう。そして、小遣いの額、使い方など、これまでの家庭のルールを変更する必要があるかなどについて話し合ってみるのです。その中で、決めたルールを守ることの大事さを伝えていきましょう。「ルールだから守らなければならない」と理解させるのではなく、ルールを破れば信頼を失うことに気づかせるという、いわば内面化が目標です。

　学校を中心とした生活に問題があれば、学校との連携が必要なりますし、あるいは、子どもの発達に問題があるような場合はそれに応じた対処が必要です。繰り返すようであれば児童相談所に相談しましょう。

　なお、子どもが購入したものが、小遣いの範囲をはるかに超えるような高価なものである場合には、売買契約を取り消すことが可能です。

第13章　4　子どもが逮捕された場合

> **Q** 子ども（15歳）が刑事事件を起こした疑いで逮捕された場合、里親としてどのように対応したらよいですか。
>
> **A** 速やかに弁護士会へ「当番弁護士」の出動を要請する電話をしてください。次に、児童相談所に報告してください。家庭裁判所送致後（かつ子どもが犯罪をしたと考えられる場合）は、家庭裁判所の手続に協力しながら子どもの更生を一緒に考えてください。

　捜査段階で援助する弁護士を「弁護人」、家庭裁判所送致後の審判手続で援助する弁護士を「付添人」といいます。当番弁護士・当番付添人制度は、弁護士が1回、捕まった子どもに会いにいき、必要な助言などを行う制度（無料）です。最近の刑事訴訟法改正により、国選弁護人を利用できる範囲が拡大されましたので、国選弁護人を付けるケースも増えています。子どもや保護者に費用の負担なく、弁護人や付添人を付けることができる場合が多いので活用してください。

　身体拘束された場合には、年齢を問わず初期対応が非常に重要です。捜査機関

などから「子どもを逮捕した」という連絡があった場合は、速やかに、最寄りの弁護士会窓口に電話をして「当番弁護士」の出動を要請してください。

子どもの弁護人または付添人となった弁護士は、身体拘束を早期に解くために必要な手立てを取ったり、取り調べへの対応方法について教示を行うなどの活動をします。また、子どもの言い分を家庭裁判所に伝えるとともに、子どもの更生の道筋を考えるほか、被害者への対応を行うなどします。

非行は監護上重要な事項ですから、里親においては、子どもが事件を起こしたことを児童相談所に報告して対応を相談しましょう。また家庭裁判所の調査に応じたり、審判期日に出席したりすることを通して、家庭裁判所が行う子どもの更生の手続に協力してください。

第13章 5 子どもから里親に対する加害

Q 子ども（13歳）が里親の財布から勝手にお金を持ち出してゲーム機やゲームソフトを買うことを繰り返し、注意しても言うことを聞きません。最近は、口論の際に、里親に向かって物を投げたり、壁を殴って穴を開けたりもします。どのように対処すべきでしょうか。

A なぜ子どもがそのような行動をとるのかという、行動の背景にある問題を理解・分析し、その問題ごとに適した対処をするよう心がけてはいかがでしょうか。また、里親だけで抱え込まず、子ども家庭相談支援センターや児童相談所などに相談をしてください。

子どもの年齢（13歳）を考えると、一般的には、その子どもは、やってはいけないことだと理解しつつ、質問にあるような行動をとっているのではないかと考えられます。仮にそうであれば、里親をはじめとする周りの大人は、なぜ、その子どもが、やってはいけないことだとわかっていながらそうした行動をとっているのかという背景や、そうした行動によって子どもが表現しようとしている気持ちなどを理解・分析することが対処法を考える出発点になります。

一方、仮に、子どもの発達状況などが原因で、そもそもやってはいけないことだという理解ができていない場合などは医療措置が必要となる可能性もあるで

しょう。

　いずれにせよ、社会的養護の子どもの問題行動を理解・分析するには、精神医学や臨床心理の専門家による助力が必要であることが少なくありません。また、仮に問題行動を理解・分析できたとしても、その解消のためには長い時間を要することも多いはずです。里親だけで抱え込まず、子ども家庭支援センターや児童相談所などに早めに相談することをお勧めします。必要に応じて、里親がレスパイト（休息）の機会を持つことも重要です（第16章１参照）。

コラム

地域とともに

　福岡市西区今津にある「子どもの村福岡」(以下「村」といいます)は開村9周年を迎えました。5棟の家では、里親(村では「育親」と呼んでいます)のもと、多くの子どもたちが育っています。開村当初には幼児だった子どもは大きく成長し間もなく中学生になろうとしていますが、村長以下、養育を支援するスタッフ(「ファミリーアシスタント」と呼んでいます)、側面から支える専門家グループ、それに地域社会が一体になった「チーム養育」の成果だと自負しています。特に、地域の方々のご協力には頭が下がる思いです。

　今津は、福岡市西北部の博多湾に面した小さなまちです。元寇防塁跡や寺社仏閣などの歴史遺産が点在していることに加えて、村の南側に位置する今津干潟は、生きた化石として知られるカブトガニの産卵場として有名で、冬には、世界的にも貴重な鳥であるクロツラヘラサギが飛来する場所としても知られています。また、江戸後期に始まったとされる人形浄瑠璃が受け継がれており、子どもたちは、小学校3年生になると、夏休みから「傾城阿波鳴門(けいせいあわのなると)」の練習に精を出し、秋の公演には大人と一緒に出演します。「十一日祭り」は今津の神社の新年の祭りです。子どもたちは山車(だし)を引きながら各家を回ります。一方、地域では住民と医療・福祉施設が「今津福祉村」を組織して福祉の心を育てるまちづくりをしています。ここには、豊かな自然と歴史遺産・文化遺産に囲まれながら暮らしていけるすばらしい環境が整っています。

　村の財産は恵まれた環境ばかりではありません。地域住民の方々の絶大なご支援によって支えられてもいます。子どもの一人ひとりの名前を覚えていただいて、登下校の際には声をかけてくれます。隣接する畑で飼われているヤギは子どもたちの大好きな遊び相手です。5軒の家には、近所の農家の畑が一畝ずつ貸し出され、育親はそれぞれ好きな作物を育てています。また、収穫期には村の玄関に野菜などが届けられます。村の周りに花を植えてくれる方もいます。

　村の建設にあたって、地域住民の方の同意を得ることは必須の条件でした。しかし、「家族と暮らせなくなった子どもたち」の受け入れについては、地域にはさまざまな不安や懸念が広がっているようでした。社会的養護の子どもたちに対する複雑な思いは、時と場所を超えて社会の中に根深く浸透している現実に触れた思いでした。粘り強く地域の方々と話し合いを続けた結果、1年後に合意に達することが

子どもの村福岡（福岡市西区今津）

できましたが、この際に一緒に先頭に立って地域の人々を説得していただいたのは地域の代表者の方々でした。合意がなった際に、力強く「今津の子として、ともに育てましょう」と言っていただきました。

　今、地域に受け入れられて、今津とともにある村を感じています。子どもたちは確かに今津の子です。　　［大場美徳（「子どもの村福岡」村長、元福岡市こども未来局長）］

第14章
財産問題

第14章 1 実親からの遺産相続

Q 里子の母親が亡くなりました。里子の話では、母親は以前にサラ金から借金をしていたそうで、里子は借金の請求が自分に来るのではないかと心配しています。どのようにしたらよいでしょうか。

A 家庭裁判所に相続放棄の申し立てをすることが可能です。相続放棄は、実親が亡くなったことを知ってから3か月以内にする必要がありますので早急に弁護士に相談をしてください。

　人が死亡すると相続が開始します。相続をする人は民法で定められており、遺言がなければ民法が定めた一定の者（法定相続人）が一定の割合（相続分）で亡くなった人の財産を受け継ぎます。実親が亡くなった場合、その子は相続人となります。なお、養親がなくなった場合、養子も相続人となります。
　相続により、相続人は亡くなった人の預貯金、株式、不動産などのプラスの財産だけでなく、借金などのマイナスの財産も引き継ぐことになります。しかし、法定相続人は、必ず相続をしなければならないわけではなく、相続する権利を放棄することも可能です。したがって、マイナスの財産がプラスの財産を上回る場合には相続放棄をすることが考えられます。
　相続放棄は相続を知ってから、つまり、この事例では実親が死亡したことを知ってから3か月以内に家庭裁判所に書面を提出して行います。3か月を過ぎると、原則として相続放棄はできなくなりますが、例えば、亡くなった人が借金をしていることを知らなかった場合など、特別な事情があれば、実親の死亡を知っ

てから3か月を超えても相続放棄をできる場合もあります。また、亡くなった人の財産状況が分からず、3か月以内に相続放棄をするかどうかの判断が難しいときは家庭裁判所に申し立て、相続放棄の期間を延長してもらうこともできます。

なお、未成年者は裁判行為ができず、その法定代理人（親権者または未成年後見人）が代わって裁判行為を行うとされています。この事例において親権者が母親だけだった場合には法定代理人がいなくなりますので、里子に未成年後見人を選任してもらい、未成年後見人が相続放棄をすることになります。

一方、プラスの財産の方が多い場合には、一般的には相続をして財産を引き継ぎます。法定相続人が複数いる場合には、他の法定相続人との間で遺産分割協議をすることになります。遺産分割協議も法定代理人が行いますので、未成年後見人の選任が必要な場合があります。なお、プラスの財産とマイナスの財産が両方ある場合に、プラスの財産の一部を受け取ったり処分したりしてしまうと、マイナスの財産もあわせて相続したものとみなされてしまうので注意が必要です。

相続は複雑な問題が絡み合います。相続放棄の期限を過ぎると里子が多大な負債を引き継いでしまう場合もありますので、里子の親族が死亡し里子が相続人となる可能性が生じた場合には、早急に弁護士に相談することをお勧めします。

第14章 2 財産の管理

Q 子どもが実親から面会のたびに少なからぬお金をもらいます。管理はどうしたらいいのでしょうか。

A 子ども名義の預金口座を作成し、子どもに預金の管理をさせましょう。

里親には財産管理権がないため、原則として里親が里子の財産を管理することはできません。そのため、子ども自身に財産管理をさせ、里親はこれを補助することしかできません。里親が里子の名義で預金口座を作成することはできますので、子ども名義の口座に入金した上で子どもに管理させることがいいでしょう。

しかしながら、実親のこのような行為には問題があります。どのような意図に

よるものかは判然としませんが、里親の家庭には小遣いの額を含めて養育について一定のルールがありますから、これを一方的に無視するようなことは慎むべきと考えられます。例えば、子どもに直接渡すのではなく、子どもの将来に備えて親自身が子ども名義で貯金することもできます。

　実親に対する指導は基本的に児童相談所が担いますので、児童相談所に報告・相談した上で、実親に指導してもらいましょう。

第14章　3　里子の扶養義務

> **Q** 里子は、実親の虐待やネグレクトにより里親に委託され、長期にわたり里親のもとで育ち、その間は実親との交流はほとんどありません。ところが、委託措置解除後に、実親の生活保護受給や介護サービス利用などで行政や施設から実子としての扶養義務を指摘されることがあります。このような場合、元里子に実親の扶養義務があるのでしょうか。
>
> **A** 元里子を養子とする特別養子縁組が成立しない限り、元里子には実親に対する扶養義務があります。元里子に扶養する余力があるかどうかなど、わからない点や不安な点があれば、弁護士に相談してみてください。

　直系血族及び兄弟姉妹は互いに扶養をする義務があります（民法第877条第1項）。

　一般に、未成熟子に対する実親の扶養義務は、生活保持義務（簡単にいうと、親の生活レベルを下げてでも親と同等の生活を子どもにもさせるべき義務）とされています。ちなみに、その義務は親権者であるか否かは関係ありません。それ以外の親族間の扶養義務は、生活扶助義務（簡単にいうと、扶養義務を負う者に自分の生活レベルを下げない程度で親族を扶養する余力があるときに果たすべき義務）とされています。ただし、このような義務の区分については異なる考え方もあります。

　扶養義務の内容はともかく、前述の親族関係がある限り扶養義務は存続します。

したがって、質問にあるような経過があったとしても、さらにいえば、もっと過酷な虐待があったとしても関係なく、元里子には実親に対する扶養義務（生活扶助義務）があります。

　なお、養子縁組が成立した場合は、養子は養親に対しても直系血族関係としての扶養義務を負うことになります。また、養親だけでなく、実親に対する扶養義務も存続します。ただし、特別養子縁組の場合は、養子と実親方の親族関係（相続関係、扶養関係）が終了するため、養子は実親に対する扶養義務を負わなくなります。

コラム

子どもの声って難しい？

　里親さんちに来たのは、高校3年生になったばかりの春でした。虐待や貧困が積み重なり、家を飛び出して危険も顧みず何とか生活していた私に、里親さんは「もう生活費も学費も気にしなくていいんだよ」と言ってくれました。年齢をごまかしてアルバイトしていたので、心底ほっとしたことを覚えています。

　お腹いっぱいご飯を食べていると、一気に8キロも太りました。毎朝作ってもらえるお弁当や家族団らんの食事、日向に干した布団など物語の中の世界のようでした。また、「あなたは大学進学した方がいいよ」と奨学金の資料をたくさん集めてきてくれました。今を生きることに精一杯で、夢を見ることさえ許されなかった私にとって、大学進学なんて夢のまた夢の話でした。クラスメートが普通に手にしていた高校の学費やお弁当、それに勉強する権利などがあふれ出るようにどんどん与えられた心地でした。

　それなのに、なぜか抜け殻のように力が湧いてきませんでした。「嫌われたら追い出されるのではないか、いい子でいなければ、でもいい子ってなんだろう」、そう思うと動けなくなり、部屋に閉じこもっていました。一方では、友だちと夜遅くまで遊び、何も考えなくてすむように大騒ぎをしていました。怯える私と奔放な私が混在していて、自分でも自分がわかりませんでした。

　そんな中、里親さんちから大学に通わせてもらえることになりました。しかし、学校生活に慣れ始めると、「私は普通の大学生なんだ」と奔放に振る舞おうとする私と怯える私との乖離はますます大きくなっていきました。「お前さえ生まなければ自由だったのに！」と母親に叫ばれ殴られ続けていた私は、いつもふっと消えてしまいたい、むしろ消えているような感覚があったのです。何もかもどうでもよい気分と突然飲みこまれてしまうようなとてつもない不安。その不安を打ち消すように無我夢中で派手なことをしていました。それは怒りや悲しみ、自分への失望、恐怖でもあり、他者への失望と恐怖でもあり、もっと色んな複雑な感情で、表現できず、何とか表現したところで、誰にも受け止めてもらえないだろうと、声を出すことができませんでした。

　里親さんちに来て3年ほど経った頃、初めて里親さんと言い争いをしました。「あなたは幽霊みたいだ」と言われ、その通りだと思った私は初めて人に、泣きながら自分の気持ちを拙く探りながら話しました。里親さんは、明け方まで私と話し

合ってくれました。互いに腫れ物に触るみたいな関係だった里親さんとの距離が縮まった瞬間でした。声を受け止めてもらえる嬉しさを実感しました。

　目まぐるしい環境の中で複雑な感情を無数に経験してきた私にとって、声にすることは、得体が知れない自分、境遇、他者に向き合う恐怖を避けて通れませんでした。声にすることで変わっていく不安を、引き受けていく勇気も必要でした。子どもの、そんな中から生まれた声を、どうか大切に聴いていただけたらと思います。同時に、声をあげたら聴いてもらえるんだという社会への信頼、風土を育んでいけたらと思います。

[荒川美沙貴（里親家庭経験者）]

第15章
児童相談所との関係

第15章 1 子どもの特性について再度判断を求める

Q 子どもを受託して半年経ちましたが、どうも最初に児童相談所から聞いていた子どもの特性とは違う面があるように感じてきました。児童相談所には私の力不足を申告するようで相談しづらいのですが、どうすればよいでしょうか。

A 児童相談所の担当者に遠慮なく相談しましょう。児童相談所は、必要に応じて再度専門的な判断をします。

　里親との間で愛着形成が進み、また、さまざまな生活体験をすることで子どもはそれまでとは違った面を出すことがあります。どうしたらよいか心配になる場合があると思いますが、里親サロンなどで里親仲間に相談することも大事です。また、児童相談所に専門的な助言を求めることができますし、その際、子どもの特性について再度アセスメントをしてもらえる場合もありますので、児童相談所の担当者にも遠慮なく相談しましょう。

　誰かに相談することは力不足などではなく、人を頼ることができるという里親に必要な力の一つです。里親が一人で悩みを深めてしまうと子どもの養育にも影響を与えます。また、子どもの日常を一番知っている里親による子どもの見方は、適切な養育のためにとても重要な情報です。

　子どもの養護は里親と児童相談所との共同作業ですから、気になることがあれば児童相談所に遠慮なく相談しましょう。

第15章 2 措置変更・解除に対する不服申し立て

Q 児童相談所が、受託している子どもの措置を私の意思に反して変更（解除）しました。私には何かこれに不服を申し立てる手段はないのでしょうか。

A 判例上、措置の変更の取り消しを求めることは難しいですが、国家賠償請求を行える可能性があります。

　里親としてこの措置変更への不服申し立てが可能であるかについては、いまだ議論がなされています。

　東京高等裁判所の2017年10月12日の判決は、児童福祉法第47条第3項は、里親に監護権を付与したものではなく、監護などに関し必要な措置をとる権限を付したにとどまるものであるので、里親に子どもを監護する権利まで付与したものとはいえないとし、児童相談所が里親の意思に反して子どもに関する措置を変更したとしても、里親にはこの効力を争う権利がなく、訴訟の当事者とはなれないと判示しました。したがって、里親が子どもの監護を再開するために、措置の変更をなかったことにする手続をとることはできないと考えられます。

　ただし、何ら正当な理由なく、一方的に措置を変更（解除）して里親里子関係を解消させた場合は、児童相談所を設置する都道府県が不法行為責任を負うと考えられますので、国家賠償法に基づく賠償責任を追及することが考えられます。

　手続は本人でもできますが、複雑な内容も含まれますし、見通しも難しいので、弁護士に相談するとよいでしょう。

第15章 3 措置終了後の関与

Q 子どもが家庭に帰ることになりました。しかし、私から見て家族の統合には不安材料が多く、戻ってもうまくいかなかった場合、子どもが望めばもう一度受け入れて、実親も含めて支援したいと考えています。児童相談所に相談したところ、措置解除後にその子どもの情報を里親に教えることはできないと言われました。解除後に子どもに何らかの方法で支援を行うことはできないのでしょうか。

A 措置解除後の支援はできません。子どもが本当に困ったときには連絡してくることや、そういうときに自分の意見を出すことができる子どもであることを信じて、里親は祈り、待機することになるでしょう。

　大事に育ててきた子どもが、手元を離れ実家族のもとに戻っていくことは里親にとっても子どもにとっても大きな喪失体験になります。これでよかったんだろうか、大丈夫だろうかと心配はつきません。特に実家族と里親との関係が不十分な場合、さらに不安だろうと思われます。

　しかし、「児童福祉法」、「新しい社会的養育ビジョン」では、子どもが育つ本来の環境は実家族とされています。里親養育は、実家族が子どもを育てることが不適切であったり困難であったりする場合に必要な期間を養育する、子どもの育ちの権利を守る社会的システムです。子どもの育ちがきちんと保障されるかどうかが最も大切なことですから、家族の再統合にあたっては、実親、子ども、里親が連携していくことが重要です。

　この状況の場合、里親から見た場合の不安材料はどのようなものがあるのでしょうか。これまでの調査などから、実親との交流がうまくいった場合の最も大きな要因は、面会や外出、外泊の場合の時間の約束が守られていることでした。これは、親が子どもの視点で考え、行動できているかを見る上で最も基本にあるものだと思われます。また、子どもの意見がどのくらい反映されているかも大きな要素です。

　子どもにとって里親とともに過ごした時間は重要な期間です。その中で愛着関係を築き、発達への支援を受け、子どもが本当に困った時に連絡してくる関係が

築かれているのではないでしょうか。

　再統合にあたり、子どもは親と再度関係を構築していく必要があります。子どもにとってこの移行期がどのくらい丁寧に行われたかが重要です。里親のもとに来た時にさまざまな体験があったのと同様に、実家族のもとに戻った時にも子どもはさまざまな体験をし、それらを相互に受け入れていくことが再構築のプロセスに必要です。その期間は児童相談所の丁寧なフォローが大切です。子どもが本当に困った時には連絡してくることや、そういう時に自分の意見を表明できる子どもであることを信じて、里親は祈り、待機していることになるのではないでしょうか。

第15章　児童相談所との関係

コラム

チームとしての里親養育

　私たち夫婦が子ども（里子）と一緒に暮らして6年が過ぎました。実子の手が離れたあとの第2の子育ては、その山も谷も味わい深く、大事に育ててきましたが、わが家の場合、傍らにはいつも実親さんの存在がありました。お預かりした当初は、子どもとの時間を取り戻したいと焦る実親さんと、拒否感で近づくこともできない子どもとの間で、息もできないような気持ちになったものでした。

　紆余曲折はありましたが、今、実親さんはわが家の近所に越してきて、子どもの習い事の送迎を引き受けてくれるようになっています。子どもにとっての実親さんも「自分の生活を揺さぶる存在」から「自分のがんばりを応援してくれる存在」となりつつあります。しかしそうなるには、子ども、実親、児童相談所、そして私たち里親それぞれに長い物語がありました。

　まず実親さんと子どもとの面会を児童相談所で開始しましたが、それは子どもにとって最初は負担でしかなかったようでした。毎回、カチコチにこわばった子どもを押したり引いたりの気が重い日々が続きました。これでは進まないと、面会の中に心理士が入ってくれて、一緒に遊びながら子どもに適した関わりを実親さんが学べるように働きかけるというスタイルを試みてくれて、交流が進展するようになりました。　次に外出、外泊と進みましたが、その際に役立ったのが、私が児童相談所に提出していた「交流の記録」です。実際に交流が進むにつれ、さまざまな問題が噴出してきます。毎回文章に整理し可視化することで、何が問題なのか、また解決するにはどうすればよいのかを考えることができました。記録はもう4年続き、交流は徐々に醸成していきました。

　6年の間に子どもたちの担当児童福祉司は5人代わりましたが、皆さんそれぞれに力を尽くしてくれました。子どもが「どうして自分は里親と暮らすことになったのか理由を知りたい」と疑問をぶつけてきた時、「子どもが疑問に思った時に応えることが大切です。伺います」とその日のうちにわが家に来て、実親さんと暮らせなくなったいきさつを子どもに話してくれた方。外出・外泊の際に子どもから実親さんへの心配事などが出ると、交流が不安なく行えるように実親さんに子どもの訴えを辛抱強く掛け合ってくれた方。反対に実親さんからの里親に対しての複雑な思いを聞き取ってわが家に返してくれた方。子どもの将来の話なのだから、話し合いはできるだけ子どもと一緒に行いましょうと、子どもと実親さん、私たち里親と児

○月○日交流の記録

子どもからの感想			
楽しかった、嬉しかったこと	心配、不安だったこと	気になったこと	お母さんの様子
養育者から見た子どもの様子（具体的に）			
外出前		外出後	
養育者から見た交流前後のお母さんの様子、気になったこと			

＊4年間続けている交流の記録です。毎回担当児童福祉司と担当里親対応専門員にメールで提出し続けています。里親担当からの毎回の労いの返信はとても嬉しいです。

童相談所とで話す機会を定期的に持つよう提案・実現してくれた方。

　このような息の長い子どもや実親さんへの働きかけのおかげで、子どもと実親さんは、児童相談所は自分たちを尊重してくれるところだと考えられるようになりました。同時に実親さんにとっての私たち「里親」も、決して子どもを奪い取られる存在ではなく、子育てを手助けしてくれる人という認識に変わってきたように感じます。

　「里親養育はチーム養育」といわれます。養育が始まってから数年間は一日一日が手さぐりでした。養育で生じる問題に疲弊し、実親さんとの関わりのゴタゴタに消耗する日々は孤独でした。「チーム」とは程遠く思え、「どうして児相はこのつらさをわかってくれないのだろう」と不満を持つこともありました。しかし、今にして思えばその「つらさ」を理解してもらうための努力を私自身が行っていたかどうかも怪しいものです。

　チーム養育となるためには、里親も自らの養育を「ひらき」発信していく努力が必要なのだと思います。私たちは子どもの言動に耳をすませ、話し合い、子どもの思いや成長、そして生じた問題を児童相談所に伝える努力を続けました。また子どもが自分の考えを言葉にすることができるようにと心がけて養育してきました。幸

い子ども自身に力があったため、意見を持ち、主張できる子どもに育ってくれました。
　話し合いを重ね情報を共有し、そして子どもの最善の利益のためにと皆が努力を続けていった結果が、今、形になりつつあります。
　現在、子どもも、子どもを育てる私たち里親も尊重されていることを感じています。このようにチームで養育を行うことができる毎日に感謝しています。

［養育里親］

第16章
里親支援

第16章 1 レスパイト・ケア

Q 最近、子どもとの関係で疲れがたまってきて、イライラしやすく、子どもへの口調がきつくなることがあります。児童相談所にレスパイト・ケアの申し出をしようと思うのですが、子どもがどのように感じるかを考えると思い切れません。割り切って休息を申し出た方がいいのでしょうか。

A 里親の心身の安定や健康を維持し、子どもとのより良い関係を維持していくためにも、レスパイト・ケアを利用することは大切です。

厚生労働省は、2016年の児童福祉法の改正を踏まえて、2017年、従来の「里親支援機関事業の実施について」という通知を廃止し、新たに「里親支援事業実施要項」を内容とする「里親支援事業の実施について」という通知を都道府県知事などに発出しました。この要綱に基づいて、里親支援事業として「里親制度等普及促進事業」、「里親委託等推進事業」、「里親トレーニング事業」、「里親訪問等支援事業」及び「共働き家庭里親委託促進事業」の5事業を実施することとしました。里親訪問等支援事業においては、

「里親等が円滑にレスパイト・ケアや子育て短期支援事業（ショートステイ又はトワイライトステイ）（以下「レスパイト・ケア等」という。）を利用できるよう、受け入れ先となる里親や施設の里親支援専門相談員との間で、予め里親等に関する情報を共有しておくとともに、実際のレスパイト・ケア等の受け入れを通じて、里親と里親支援専門相談員との信頼関係を築くよう努め、関係性が構築さ

れた後には、当該里親に対する訪問支援について、里親支援専門相談員を積極的に活用すること」
として、レスパイト・ケアの積極的活用を促進することとしました。

　上記のように、レスパイト・ケアは、里親が休息するために、また疲弊を防止するために里子を児童養護施設や乳児院、近隣のファミリーホームや里親宅に一時的に預ける制度で、費用はかかりません。児童相談所に申し込み、受け入れ先を探してもらいます。事前に、レスパイトを受け入れてくれる里親仲間を確保している人もいるようです。

　中途養育である里親子の関係は時に関係が不調になり、行き詰まってしまうこともあります。質問者は、子どもがどのように感じるかを気にされているようですが、「最近元気が出なくてイライラしやすくなっているから少しリフレッシュしてきたい」、「だから、○○で遊んで（泊まって）待っていてほしい」と偽りなく伝えた方が、里親が疲弊して子どもとの関係が悪化していくよりは、子どもにとっても有益なのではないでしょうか。

　一方、子どもの視点に立てば、自分の家に誰かが来て面倒を見てくれれば、施設や他の家に預けられるよりも、安心して里親から離れることができるかもしれません。里親だけではなく、ファミリーホームの場合も、子どもの数が多いため、なかなか子どもを預けることが難しく、養育者の休みが取りにくいという課題があるようです。将来的には、里親宅やファミリーホームに出向いてレスパイト・ケアできる仕組みなども必要なのかもしれません。

第16章　2　支援・相談機関

Q　里親支援・相談機関などを教えてください。

A　児童相談所や里親会のほか、今後は里親のリクルート・研修・支援などを里親とチームになって一貫して担うフォスタリング機関（里親養育包括支援機関）による支援体制が構築されていきます。

里親家庭における養育が何の波乱もなく平穏に推移することはむしろまれといわなければなりません。実子の子育てが成功し子どもの養育に自信を持って里親になったとしても、この困難を免れることはできないかもしれません。

　その原因は多岐にわたりますが、まず考えられるのは子ども側の事情です。愛着が感じられないような里親に対する態度、しつけても修正されない言動、繰り返される保育園や学校でのトラブルなどが里親の疲弊をもたらします。原因は、愛着障害や発達障害にあるのかもしれませんが、それを探るのは難しく、あるいは成育歴の詳細を知らされていないことや、当初に与えられた情報の不足に憤るかもしれません。また、里親自身の生活に変化が生じることもあるでしょう。里親自身の病気、夫婦間の軋轢、近親者の死亡や失業など、普通の家庭で起こり得ることは里親家庭でも起こります。生きていくのがつらくなる場面です。さらに、里子の実親の存在も、場合によっては養育の妨げになり、意欲をそぐことがあります。このような事情が重なり、これに対して適切な手当てがなされなければ、里親不調を招くのです。

　従来、里親に対し基礎研修、里親登録前研修、更新研修などによって基本的な知識が付与され、里親と里子とのマッチングが慎重に検討された上で委託されていたものの、養育途中の迷いや悩みを相談できる機関としては児童相談所や里親会などに限定され、必ずしも十分とはいえない支援体制でした。

　2016年に改正された児童福祉法においては、子どもが権利の主体であることを位置づけるとともに、家庭養育優先の原則が明記されました。また、「里親につき、その相談に応じ、必要な情報の提供、助言、研修その他の援助を行うこと」が都道府県の業務とされ（第11条第1項第2号）、さらに、これを受けて2017年にとりまとめられた「新しい社会的養育ビジョン」においては、質の高い里親養育を実現することを求めています。そして、里親が、子どもに最善の利益を提供するために適切な支援を受けられるようにするべく、里親制度に対する社会の理解をより一層促進するとともに、里親のリクルート、研修、支援などを里親とチームになって一貫して担うフォスタリング機関（里親養育包括支援機関）による支援体制を構築することが不可欠であるとして、2018年7月6日、「フォスタリング機関（里親養育包括支援機関）及びその業務に関するガイドライン」が厚生労働省から発出されました。この中では、フォスタリング業務は児童相談所自らが態勢を強化した上で、NPO法人、児童福祉施設、児童家庭セン

ター、里親会などの民間に委託することを想定しています。

　今後フォスタリング機関の整備が進めば、地域の教育機関や医療機関などの関係機関・団体を「応援チーム」とする地域ネットワークの中で、里親はフォスタリング機関と協働して養育チームを形成することになります。里親養育のサポート、里親養育に関するスーパービジョン、それに里親養育の状況に応じた支援などが、里親と里子、フォスタリング機関との間の信頼関係を基盤として実施されることとなります。里親制度は、いうまでもなく子どものための制度です。

コラム

イギリスの里親研修プログラム

　英国における里親養育の質向上のための研修として、登録前の The Skills to Foster（STF）と子どもが委託された後のフォスタリングチェンジ・プログラム（FCP）があります。どちらも講義よりもグループでのディスカッションなどが多くとり入れられた実践的研修です。やり取りの中で里親自身の価値観や養育観、また意見や考えの柔軟性なども評価できます。フォスタリング機関が里親とチームを組み、子どもの養育に取り組めるかのアセスメントにも役立ち、互いを知ることでより良いチーム形成が可能になります。

　STFは7つのセッションで構成され、まず子どもが委託される理由や幼少期の逆境的経験の影響、アタッチメント・安心の基地を得ることの重要性について、また、子どものアイデンティティやライフチャンスについての理解を深めます。さらに、里親はチームの一員として子どもを養育することについて、背景となる法的枠組みや養育計画も含めてケース・スタディーなどを通して理解が促されます。子どもの理解と対応に関しては虐待・ネグレクトの影響やアタッチメント理論、社会的学習理論などをもとに、里子の安全はもちろんのこと、里親自身と家族の安全も保障する形で養育に取り組む必要性や家族再統合にむけた実親との交流の重要性についても理解することが求められます。子どもが委託された後の具体的な見通しを、里親家族の一員である実子への影響まで含めて登録前に想像し検討できる内容になっています。代替養育としての里親からの自立や家庭復帰、養子縁組といった移行の可能性についての理解やライフストーリーワークの重要性も示されています。さらに親の友人や親戚が里親となる場合の配慮についても、一般の里親とは異なる経緯があり準備期間も短いことを考慮した説明がなされています。

　FCPはアタッチメント理論、社会的学習理論、認知行動理論に基づく12回のセッションを通して子どものニーズを理解し、さまざまな対応スキルをグループディスカッションやロールプレイ、家庭での実践を繰り返し身につけます。子どもの視点を重視し、問題行動の背景にある子どものニーズを理解し、それにどう対応するか、里親が自分で考えるための枠組みを提供します。里親の自尊感情や自信を回復する支援者支援の観点も含まれています。里親は身につけたスキルを生かし日々生じる子どもの問題に対応しますが、このような対応は子どもとの良好な関係を築く過程でもあることに留意する必要があります。また、短期的には目の前にあ

る問題の解決のみを考えがちですが、長期的には里親のもとで子どもが適切な行動・対応や問題の解決方法を学ぶことで、里親のもとを離れた後の子どもの人生も支えられるよう取り組む必要性が示されています。

　わが国においても今後フォスタリング機関が里親とチームを組み子どもに最善の利益をもたらす養育を実践しなければなりませんが、その際に留意すべきことがこれらの研修内容・方法から理解できるのではないでしょうか。

［上鹿渡和宏（早稲田大学人間科学学術院教授、児童精神科医）］

[資料]
弁護士に相談したいときは……

■**法律相談（主に民事・家事事件に関すること）**
- 各地の弁護士センター（有料／30分5,000円〔税別〕）
　県弁護士会が運営する法律相談センターが各地に設置されています。電話で予約をして相談することができます。対応してくれた弁護士に、その後の法的手続について委任することもできます。
　▷福岡市の場合：天神弁護士センター☎092-741-3208
　　　　　　　　　　　　　　　　　（平日9：00〜19：00）
- 法テラス（一定以下の収入・資産の方は無料）
　国が設立した法的トラブルの総合案内所で、どこに相談していいかわからないときに電話すると、相談窓口を紹介してくれます（面談は事前予約制）。
　▷法テラス福岡：☎0570-078359（平日9：00〜17：00）
- 市・区役所などの無料法律相談
　各市・区役所などに問い合わせ、予約をして相談することができます。

■**当番弁護士の出動依頼**
　子どもが逮捕・勾留されたり、少年鑑別所に入所する決定を受けたりした場合に、県弁護士会に電話をして弁護士の出動依頼をすると、無料で弁護士が子どもに会いに行って、子どもの相談を受け、アドバイスをします（139頁参照）。
　なお、当番弁護士、当番付添人が、そのまま捜査手続や家庭裁判所の審判手続の中で「弁護人」、「付添人」として子どもを支援することもできます。この場合、子どもや保護者に費用負担がかからない法律援助制度もありますので、当番で派遣された弁護士に相談してください。

▷福岡県弁護士会
　☎092−741−6416（福岡地区）　☎0942−32−2638（筑後地区）
　☎093−561−0360（北九州地区）　☎0948−28−7555（筑豊地区）

■**子どもの人権に関する電話相談**

　学校におけるさまざまな問題（いじめ、体罰、学校事故など）に悩んだとき、また、児童虐待などの親子関係や非行の問題に悩んだときなど、各地の弁護士会では、子どもの権利に関するさまざまな相談を受け付けています。

　なお、電話相談の結果、必要な場合には面談を行い、継続して弁護士が支援することもあります。

▷福岡県弁護士会「子どもの人権110番」
　☎092−752−1331（毎週土曜日12：30〜15：30）

編集後記

『弁護士・実務家に聞く 里親として知っておきたいこと――里親養育 Q&A』をお届けします。

2012年に刊行した『弁護士に聞く 里親として知っておきたいこと』の全面的な改訂を思い立ったのは、2016年の児童福祉法の改正と2017年の「新しい社会的養育ビジョン」がきっかけでした。「社会的養護」の進むべき方向が示されたこの機会に、現場感覚をもってこれを後押ししたいとの思いからでした。

弁護士、児童相談所職員、里親、SOS子どもの村JAPANの職員などが集まって数回にわたり編集会議を開き、本書の構成や内容について検討を重ねた上で、改正児童福祉法や子どもの権利条約を踏まえることを編集の基本方針とするとともに、法律問題にとどまらず里親の多様な疑問・質問に答えていくことを決定しましたが、制度的にはこれからの施策の展開によって変化する部分も多いことから、解説のみでは具体的にイメージすることが難しい項目があったかもしれません。しかし一方では、多彩な執筆陣にお願いすることができ、コラム欄にも本書を彩るにふさわしい原稿をお寄せいただいたことで、可能な限りの新しい動きを紹介することができました。多忙な本業のかたわら、ご協力いただいた方々に厚く御礼申し上げます。

また、「はしがき」にもあるように、「子どもの村福岡」で得られた里親養育に関する知見を反映させることを意図していましたが、必ずしも十分ではなかったような気がしています。私たちの試みの成果を社会に伝えることは使命の一つと心得ていますので、他日を期したいと思います。

本書の出版に当たっては、クラウドファンディング運営会社「READYFOR」を通じて169名の方々に支援していただきました。ありがとうございました。

2019年9月　　　　　特定非営利活動法人 SOS子どもの村JAPAN事務局長　**森　徹**

＊出版費用の一部をご支援いただいた方々（特別協力者）

楠田瑛介様　　中田小枝様　　春本常雄様　　米倉順孝様　　　　（50音順）

執筆者一覧 (50音順)

■本編

池田　　敏（福岡市教育委員会スクールソーシャルワーカー）

一宮里枝子（弁護士、福岡県児童相談所）

栄留　里美（大分大学福祉健康科学部助教）

岡本　正子（児童精神科医、元大阪教育大学教授）

小坂　昌司（弁護士）

久保　健二（弁護士、福岡市児童相談所）

坂本　雅子（SOS子どもの村JAPAN常務理事、小児科医）

佐川　　民（弁護士）

白水由布子（弁護士）

橋本　愛美（子ども家庭支援センター「SOS子どもの村」統括相談支援員）

松﨑　佳子（子ども家庭支援センター「SOS子どもの村」センター長、広島国際大学心理科学研究科教授）

三浦　德子（弁護士）

森　　　徹（SOS子どもの村JAPAN事務局長、元法務省地方更生保護委員会部長委員）

山下　　洋（九州大学病院 子どものこころの診療部 児童精神科医、特任准教授）

■コラム

相澤　　仁（大分大学福祉健康科学部教授、SOS子どもの村JAPAN理事）

荒川美沙貴（里親家庭経験者）

有吉　光寛（養育里親）

大場　美德（「子どもの村福岡」村長、元福岡市こども未来局長）

上鹿渡和宏（早稲田大学人間科学学術院教授、児童精神科医）

北里　聖子（養育里親）

木村　康三（養育里親）

黒木　俊秀（九州大学大学院人間環境学研究院実践臨床心理学専攻教授、精神科医）

菅　　祐子（養育里親）

坂本　雅子（前掲）

中村みどり（Children's Views & Voices〔CVV〕副代表）

福重淳一郎（SOS子どもの村JAPAN理事長、小児科医、元福岡市立子ども病院長）

藤井　仁美（ファミリーホーム養育補助者）

藤林　武史（福岡市こども総合相談センター所長、精神科医）

松﨑　佳子（前掲）

山田眞理子（NPO法人子どもとメディア代表理事、九州大谷短期大学名誉教授）

特定非営利活動法人 SOS 子どもの村 JAPAN 概要

法人設立年	2006年12月21日、「特定非営利活動法人 子どもの村福岡を設立する会」設立 2009年、「特定非営利活動法人 子どもの村福岡」に名称変更 2014年、「特定非営利活動法人 SOS 子どもの村 JAPAN」に名称変更
法人の性格	「SOS 子どもの村インターナショナルの会員として、その方針を尊重し、いかなる政治、宗教とも無関係の、公共の利益のためにのみ活動する非政府の社会開発組織である」（定款第3条）
事業目的	「国連子どもの権利条約及び SOS 子どもの村インターナショナルの理念を基本として、親の養育を受けられない子どもたち、及びその危機にある子どもたちを支援する。これらの活動に基づき、提言することを通して、広く子どもたちの社会的養護、特に家庭養育の発展に寄与する」（定款第4条）
支援会員数	個人：2,306人　企業：387社（2019年8月現在）
予算規模	約1億2,000万円（2019年度）
提携団体	特定非営利活動法人 子どもの村東北
表彰歴	2012年度　第25回福岡市都市景観賞受賞 　　　　　内閣総理大臣賞受賞（子ども若者育成・子育て支援功労） 2016年度　第4回エクセレント NPO 大賞受賞 　　　　　第47回社会貢献者表彰受賞
所在地	福岡市中央区赤坂1-3-14　3階 （事務局、福岡市子ども家庭支援センター「SOS 子どもの村」） 福岡市西区今津2017-2（子どもの村福岡）

弁護士・実務家に聞く　**里親として知っておきたいこと**
里親養育 Q&A

2019年10月1日　第1刷発行

編　者　特定非営利活動法人 SOS 子どもの村 JAPAN
発行者　杉本雅子
発行所　有限会社 海鳥社
　　　　〒812-0023　福岡市博多区奈屋町13番4号
　　　　電話092(272)0120　FAX092(272)0121
　　　　http://www.kaichosha-f.co.jp
印刷・製本　モリモト印刷 株式会社

ISBN978-4-86656-056-4　［定価は表紙カバーに表示］